Benedikt XVI.

Credo

Benedikt XVI.

CREDO

Meditationen zum Glaubensbekenntnis

benno

Bibliografische Information der Deutschen Nationalbibliothek
Die Deutsche Nationalbibliothek verzeichnet diese Publikation in der Deutschen Nationalbibliografie;
detaillierte bibliografische Daten sind im Internet über http://dnb.d-nb.de abrufbar.

ISBN 978-3-7462-3468-7

Stammerstr. 11, 04159 Leipzig
Einbandgestaltung: Ulrike Vetter, Leipzig
Redaktion: Martin Albrecht, Leipzig
Gesamtherstellung: Kontext, Lemsel (A)

Inhaltsverzeichnis

Das Apostolische Glaubensbekenntnis

Ich glaube an Gott,
den Vater, den Allmächtigen,
den Schöpfer des Himmels und der Erde,

und an Jesus Christus,
seinen eingeborenen Sohn, unsern Herrn,
empfangen durch den Heiligen Geist,
geboren von der Jungfrau Maria,
gelitten unter Pontius Pilatus,
gekreuzigt, gestorben und begraben,
hinabgestiegen in das Reich des Todes,
am dritten Tage auferstanden von den Toten,
aufgefahren in den Himmel;
er sitzt zur Rechten Gottes, des allmächtigen Vaters;
von dort wird er kommen,
zu richten die Lebenden und die Toten.

Ich glaube an den Heiligen Geist,
die heilige katholische Kirche,
Gemeinschaft der Heiligen,
Vergebung der Sünden,
Auferstehung der Toten
und das ewige Leben.
Amen.

»Wer glaubt, ist nie allein.«

[...] Der Glaube führt uns zusammen und schenkt uns [...] die Freude an Gott, an der Schöpfung, am Miteinandersein. [...] Aber da steigt nun doch die Frage auf: Was glauben wir denn da eigentlich? Was ist das überhaupt, Glaube? Kann es das eigentlich noch geben in der modernen Welt? Wenn man die großen Summen der Theologie ansieht, die im Mittelalter geschrieben wurden, oder an die Menge der Bücher denkt, die jeden Tag für und gegen den Glauben verfasst werden, möchte man wohl verzagen und denken, das sei alles viel zu kompliziert. Vor lauter Bäumen sieht man am Ende den Wald nicht mehr. Und es ist wahr: Die Vision des Glaubens umfasst Himmel und Erde; Vergangenheit, Gegenwart, Zukunft, die Ewigkeit und ist darum nie ganz auszuschöpfen. Und doch ist sie in ihrem Kern ganz einfach. Der Herr selber hat ja zum Vater darüber gesagt: »Den Einfachen hast du es offenbaren wollen – denen, die mit dem Herzen sehen können« (vgl. *Mt* 11,25). Die Kirche bietet uns ihrerseits eine ganz kleine Summe an, in der alles Wesentliche gesagt ist: das sogenannte Apostolische Glaubensbekenntnis. Es wird gewöhnlich in zwölf Artikel eingeteilt – nach der Zahl der zwölf Apostel – und handelt von Gott, dem Schöpfer und Anfang aller Dinge, von Christus und seinem Heilswerk bis hin zur Auferstehung der Toten und zum ewigen Leben. Aber in seiner Grundkonzeption besteht das Bekenntnis nur aus drei Hauptstücken, und es ist von seiner Geschichte her nichts anderes als eine Erweiterung der Taufformel, die der auferstandene Herr selber den Jüngern für alle Zeiten übergeben hat, als er ihnen sagte: »Geht hin, lehrt die Völker und tauft sie auf den Namen des Vaters, des Sohnes und des Heiligen Geistes« (vgl. *Mt* 28,19).

Wenn wir das sehen, zeigt sich zweierlei: Der Glaube ist einfach. Wir glauben an Gott – an Gott, den Ursprung und das Ziel menschlichen Lebens. An den Gott, der sich auf uns Menschen einlässt, der unsere Herkunft und unsere Zukunft ist. So ist Glaube immer zugleich Hoffnung, Gewissheit, dass wir Zukunft haben und dass wir nicht ins Leere fallen. Und der Glaube ist Liebe, weil Gottes Liebe uns anstecken möchte. Das ist das Erste: Wir glauben einfach an Gott, und das bringt mit sich auch die Hoffnung und die Liebe.

Als Zweites können wir feststellen: Das Glaubensbekenntnis ist nicht eine Summe von Sätzen, nicht eine Theorie. Es ist ja verankert im Geschehen der Taufe – in einem Ereignis der Begegnung von Gott und Mensch. Gott beugt sich über uns Menschen im Geheimnis der Taufe; er geht uns entgegen und führt uns so zueinander. Denn Taufe bedeutet, dass Jesus Christus uns sozusagen als seine Geschwister und damit als Kinder in die Familie hineinadoptiert. So macht er uns damit alle zu einer großen Familie in der weltweiten Gemeinschaft der Kirche. Ja, wer glaubt, ist nie allein. Gott geht auf uns zu. Gehen auch wir Gott entgegen, dann gehen wir aufeinander zu! Lassen wir keines der Kinder Gottes allein, soweit es in unseren Kräften steht!

Wir glauben an Gott. Das ist unser Grundentscheid. Aber nun noch einmal die Frage: Kann man das heute noch? Ist das vernünftig? Seit der Aufklärung arbeitet wenigstens ein Teil der Wissenschaft emsig daran, eine Welterklärung zu finden, in der Gott überflüssig wird. Und so soll er auch für unser Leben überflüssig werden. Aber sooft man auch meinen konnte, man sei nahe daran, es geschafft zu haben – immer wieder zeigt sich: Das geht nicht auf. Die Sache mit dem Menschen geht nicht auf ohne Gott, und die Sache mit der Welt, dem ganzen Universum, geht nicht auf ohne ihn. Letztlich kommt es auf die Alternative hinaus: Was steht am Anfang:

die schöpferische Vernunft, der Schöpfergeist, der alles wirkt und sich entfalten lässt, oder das Unvernünftige, das vernunftlos sonderbarerweise einen mathematisch geordneten Kosmos hervorbringt und auch den Menschen, seine Vernunft. Aber die wäre dann nur ein Zufall der Evolution und im Letzten also doch auch etwas Unvernünftiges. Wir Christen sagen: Ich glaube an Gott, den Schöpfer des Himmels und der Erde – an den Schöpfer Geist. Wir glauben, dass das ewige Wort, die Vernunft, am Anfang steht und nicht die Unvernunft. Mit diesem Glauben brauchen wir uns nicht zu verstecken, mit ihm brauchen wir nicht zu fürchten, uns auf einem Holzweg zu befinden. Freuen wir uns, dass wir Gott kennen dürfen, und versuchen wir, auch anderen die Vernunft des Glaubens zugänglich zu machen, wie es der heilige Petrus den Christen seiner Zeit und so auch uns ausdrücklich in seinem ersten Brief aufgetragen hat. (1 *Petr* 3,15).

Wir glauben an Gott. Das stellen die Hauptteile des Glaubensbekenntnisses heraus, und das betont besonders der erste Teil davon. Aber nun folgt sofort die zweite Frage: An welchen Gott? Nun, eben an den Gott, der Schöpfergeist ist, schöpferische Vernunft, von der alles kommt und von der wir kommen. Der zweite Teil des Glaubensbekenntnisses sagt uns mehr. Diese schöpferische Vernunft ist Güte. Sie ist Liebe. Sie hat ein Gesicht. Gott lässt uns nicht im Dunklen tappen. Er hat sich gezeigt als Mensch. So groß ist er, dass er es sich leisten kann, ganz klein zu werden. »Wer mich sieht, sieht den Vater«, sagt Jesus (*Joh* 14,9). Gott hat ein menschliches Gesicht angenommen. Er liebt uns bis dahin, dass er sich für uns ans Kreuz nageln lässt, um die Leiden der Menschheit zum Herzen Gottes hinaufzutragen. Heute, wo wir die Pathologien und die lebensgefährlichen Erkrankungen der Religion und der Vernunft sehen, die Zerstörungen des Gottesbildes durch Hass und Fanatismus, ist es wichtig, klar zu sagen, welchem Gott wir glauben und zu diesem menschlichen Antlitz Gottes zu stehen. Erst das erlöst uns von der Gottesangst, aus der letztlich der moderne Atheismus geboren wurde. Erst dieser Gott erlöst uns von der Weltangst und von der Furcht vor der Leere des eigenen Daseins. Erst durch das Hinschauen auf Jesus Christus wird die Freude an Gott voll, wird zur erlösten Freude. [...]

Der zweite Teil des Bekenntnisses schließt mit dem Ausblick auf das Letzte Gericht und der dritte mit dem der Auferstehung der Toten. Gericht – wird uns da nicht doch wieder Angst gemacht? Aber wollen wir nicht alle, dass einmal all den ungerecht Verurteilten, all denen, die ein Leben lang gelitten haben und aus einem Leben voller Leid in den Tod gehen mussten, dass ihnen allen Gerechtigkeit widerfährt? Wollen wir nicht alle, dass am Ende das Übermaß an Unrecht und Leid, das wir in der Geschichte sehen, sich auflöst; dass alle am Ende froh werden können, dass das Ganze Sinn erhält? Diese Herstellung des Rechts, diese Zusammenfügung der scheinbar sinnlosen Fragmentstücke der Geschichte in ein Ganzes hinein, in dem die Wahrheit und die Liebe regieren: Das ist mit dem Weltgericht gemeint. Der Glaube will uns nicht Angst machen, aber er will uns zur Verantwortung rufen. Wir dürfen unser Leben nicht verschleudern, nicht missbrauchen, es nicht einfach für uns selber nehmen; Unrecht darf uns nicht gleichgültig lassen, wir dürfen nicht seine Mitläufer oder sogar Mittäter werden. Wir müssen unsere Sendung in der Geschichte wahrnehmen und versuchen, dieser unserer Sendung zu entsprechen. Nicht Angst, aber Verantwortung – Verantwortung und Sorge um unser Heil, um das Heil der ganzen Welt ist notwendig. Jeder muss seinen Teil dazu beitragen. Wenn aber Verantwortung und Sorge zu Angst werden möchten, dann erinnern wir uns an das Wort des heiligen Johannes: »Meine Kinder, ich schreibe euch dies, damit ihr nicht sündigt. Wenn aber einer sündigt, haben wir einen Anwalt beim Vater: Jesus Christus, den Gerechten« (1 *Joh* 2,1). »Wenn unser Herz uns auch verurteilt – Gott ist größer als unser Herz, und er weiß alles« (1 *Joh* 3,20).

Predigt, hl. Messe auf dem Islinger Feld bei Regensburg (Apostolische Reise nach München, Altötting und Regensburg), 12. September 2006

Ich glaube an Gott, den Vater, den Allmächtigen, den Schöpfer des Himmels und der Erde,

Die Welt, in der wir leben, ist das Werk des Schöpfergeistes. [...] Die Welt existiert nicht von allein; sie kommt aus Gottes Schöpfergeist, aus Gottes Schöpferwort. Und daher spiegelt sie auch Gottes Weisheit wider. Diese lässt in ihrer Größe und in der allumfassenden Logik ihrer Gesetze etwas von Gottes Schöpfergeist erahnen. Sie ruft uns zur Ehrfurcht auf. Gerade derjenige, der als Christ an den Schöpfergeist glaubt, wird sich der Tatsache bewusst, dass wir die Welt und die Materie nicht als bloßes Material missbrauchen dürfen, mit dem wir tun können, was wir wollen, sondern dass wir die Schöpfung als ein Geschenk betrachten müssen, das uns nicht anvertraut wurde, damit wir es zerstören, sondern damit es zum Garten Gottes und somit zum Garten des Menschen werde. Angesichts des vielgestaltigen Missbrauchs der Erde, den wir heute vor Augen haben, hören wir fast das Seufzen der Schöpfung, von dem der hl. Paulus spricht (*Röm* 8,22), und beginnen, die Worte dieses Apostels zu verstehen, der sagt, dass die ganze Schöpfung sehnsüchtig auf das Offenbarwerden der Söhne Gottes wartet, um befreit zu werden und ihre Herrlichkeit zu erlangen. [W]ir wollen diese Söhne Gottes sein, auf die die Schöpfung wartet, und wir können es sein, weil der Herr uns in der Taufe zu solchen gemacht hat. Ja, die Schöpfung und die Geschichte – sie warten auf uns, warten auf Männer und Frauen, die wirklich Kinder Gottes sind und sich entsprechend verhalten. Wenn wir auf die Geschichte blicken, dann sehen wir, wie im Umfeld der Klöster die Schöpfung gedeihen konnte, wie mit dem Wiedererwachen des Geistes Gottes in den Herzen der Menschen der Glanz des Schöpfergeistes auch auf die Erde zurückkehrte – eine Herrlichkeit, die von der Barbarei menschlicher Machtgier verdunkelt und manchmal sogar fast ausgelöscht worden war.

Predigt, Pfingstvigil, Petersplatz, 3. Juni 2006

Der Radius der Geschichte, die Gott gestiftet hat, reicht bis zu den Ursprüngen, bis zur Schöpfung hin. Unser Glaubensbekenntnis beginnt mit den Worten: »Ich glaube an Gott, den Vater, den Allmächtigen, den Schöpfer des Himmels und der Erde.« Wenn wir diesen Anfang des *Credo* weglassen, wird die ganze Heilsgeschichte zu eng und zu klein. Die Kirche ist nicht irgendeine Vereinigung, die sich um die religiösen Bedürfnisse der Menschen kümmert, aber eben ihr beschränktes Vereinsziel hat. Nein, sie bringt den Menschen in Berührung mit Gott und so mit dem Ursprung aller Dinge. Deshalb geht Gott uns als Schöpfer an, und deswegen tragen wir Verantwortung für die Schöpfung. Unsere Verantwortung reicht bis auf die Schöpfung hin, weil sie vom Schöpfer herkommt. Nur weil Gott das Ganze geschaffen hat, kann er uns Leben geben und unser Leben führen. Das Leben im Glauben der Kirche umfasst nicht nur einen Bereich von Empfindungen und Gefühlen und vielleicht von moralischen Verpflichtungen. Es umfasst den Menschen ganz, von seinem Ursprung her und auf die Ewigkeit hin. Nur weil die Schöpfung Gott gehört, können wir bis ins Letzte auf ihn bauen. Und nur weil er Schöpfer ist, kann er uns Leben in Ewigkeit geben. Freude über die Schöpfung, Dankbarkeit für die Schöpfung und Verantwortung für sie gehören zusammen.

[...] Am Anfang aller Dinge stand nicht das Unvernünftige, das Unfreie, sondern der Ursprung aller Dinge ist die schöpferische Vernunft, ist die Liebe, ist die Freiheit. Hier stehen wir vor der letzten Alternative, um die es im Disput zwischen Glaube und Unglaube geht: Ist die Unvernunft, das Unfreie und der Zufall der Ursprung aller Dinge, oder ist der Ursprung des Seins Vernunft, Freiheit, Liebe? Gilt der Primat der Unvernunft oder der Vernunft? Um diese Frage geht es letztlich. Als Gläubige antworten wir mit dem Schöpfungsbericht und mit dem heiligen Johannes: Am Anfang steht die Vernunft. Am Anfang steht die Freiheit. Deshalb ist es gut, ein Mensch zu sein. Es ist nicht so, dass in dem sich ausdehnenden Universum am Ende in irgendeinem kleinen Winkel des Alls zufällig auch eine Art von Lebewesen entstand, die denken kann und versuchen kann, Vernunft in der Schöpfung zu finden oder in sie hineinzubringen. Wäre der Mensch nur ein solches Zufallsprodukt der Evolution irgendwo am Rand des Alls, dann wäre sein Leben sinnlos oder gar eine Störung der Natur. Aber nein – die Vernunft ist zuerst, die schöpferische, die göttliche Vernunft. Und weil sie Vernunft ist, hat sie auch Freiheit geschaffen, und weil Freiheit missbrauchbar ist, darum gibt es auch das Schöpfungswidrige; darum zieht sich gleichsam ein dicker dunkler Strich durch den Bau des Universums und durch das Wesen des Menschen. Aber diesem Widerspruch zum Trotz bleibt die Schöpfung als solche gut, bleibt das Leben gut, weil am Anfang die gute Vernunft, die schöpferische Liebe Gottes steht. Darum ist die Welt erlösbar. Darum können und müssen wir uns auf die Seite der Vernunft, der Freiheit und der Liebe stellen – auf die Seite des Gottes, der uns liebt, so sehr, dass er für uns gelitten hat, damit aus seinem Tod neues, endgültiges, geheiltes Leben hervorgehen konnte.

Der alttestamentliche Schöpfungsbericht [...] zeigt diese Ordnung der Wirklichkeiten eindeutig an. Er führt uns aber noch einen Schritt weiter. Er hat den Vorgang der Schöpfung im Bild einer Woche gestaltet, die auf den Sabbat zuläuft, in ihm ihre Erfüllung findet. Der Sabbat war für Israel der Tag, an dem alle an der Ruhe Gottes teilnehmen durften, an dem Mensch und Tier, Herr und Sklave, Große und Kleine in der Freiheit Gottes geeint waren. So war der Sabbat Ausdruck des Bundes zwischen Gott und Mensch und der Schöpfung. Das Miteinander von Gott und Mensch aber erscheint so nicht als etwas Nachträgliches, das in einer schon fertig geschaffenen Welt noch eingerichtet wurde. Der Bund, das Miteinander von Gott und Mensch ist in der Schöpfung von Grund auf angelegt. Ja, der Bund ist der innere Grund der Schöpfung, wie die Schöpfung die äußere Bedingung des Bundes ist. Gott hat die Welt gemacht, damit eine Stelle sei, an der er seine Liebe mitteilen kann und von der aus die Antwort der Liebe zu ihm zurückkehrt. Vor Gott ist das Herz des Menschen, das ihm antwortet, größer und wichtiger als der ganze gewaltige, materielle Kosmos, der uns freilich etwas von Gottes Größe ahnen lässt.

Predigt, Ostervigil, Petersdom, 23. April 2011

Vor Gott sind wir alle Kinder. Gott steht am Ursprung des Daseins eines jeden Geschöpfs, und er ist auf besondere Weise Vater eines jeden Menschen: Er steht mit ihm oder mit ihr in einer einzigartigen, persönlichen Beziehung. Jeder von uns ist gewollt, ist von Gott geliebt. Und auch in dieser Beziehung mit Gott können wir sozusagen »neu geboren werden«, das heißt, das werden, was wir sind. Dies geschieht durch den Glauben, durch ein tiefes und persönliches »Ja« zu Gott als Ursprung und Fundament unseres Daseins. Mit diesem »Ja« nehme ich das Leben als Geschenk des Vaters im Himmel an, eines Vaters, den ich nicht sehe, aber an den ich glaube und den ich in der Tiefe des Herzens als meinen Vater und den Vater all meiner Brüder und Schwestern im Menschsein verspüre, einen unendlich guten und treuen Vater.

Angelus, Fest der Taufe des Herrn, Petersplatz, 8. Januar 2012

und an Jesus Christus, seinen eingeborenen Sohn, unsern Herrn,

Worauf gründet der Glaube an Gott, den Vater? Er gründet auf Jesus Christus: Seine Person und seine Geschichte offenbaren den Vater, sie lassen ihn uns erkennen, soweit dies in dieser Welt möglich ist. Glauben, dass Jesus der Christus und Sohn Gottes ist, gestattet es, »aus der Höhe von neuem geboren zu werden«, das heißt aus Gott, der Liebe ist (vgl. *Joh* 3,3). Und nochmals vergegenwärtigen wir uns, dass niemand aus sich heraus zum Menschen wird: Wir werden ohne unser Zutun geboren, der »Passiv« des Geborenwerdens geht dem »Aktiv« unseres Tuns voraus. Dasselbe gilt auch auf der Ebene des Christseins: Keiner kann nur aus dem eigenen Willen heraus Christ werden, auch das Christsein ist ein Geschenk, das unserem Tun vorausgeht: Wir müssen von Neuem in einer neuen Geburt geboren werden. [...]
Mit unserem Glauben können wir Christus entgegengehen, doch allein er kann uns zu Christen machen und diesem unserem Willen, diesem unserem

Verlangen die Antwort geben, die Würde, die Macht, Kinder Gottes zu werden, die wir nicht von uns aus haben.

Angelus, Fest der Taufe des Herrn, Petersplatz, 8. Januar 2012

»Mein Sohn bist du, heute habe ich dich gezeugt« [(Psalm 2)]. Der König, der von sich aus ein Mensch ist wie andere Menschen, wird »Sohn Gottes« durch die Berufung und Einsetzung in sein Amt. Sie ist eine Art Adoption durch Gott, ein Akt der Entscheidung, durch den er diesem Menschen eine neue Existenz schenkt, ihn in sein eigenes Sein hineinzieht. [Der] Prophet [...] Jesaja [...] stellt denselben Vorgang in einer Situation der Not und der Bedrohung Israels noch leuchtender dar: »Ein Kind ist uns geboren, ein Sohn ist uns geschenkt. Die Herrschaft liegt auf seiner Schulter« (*Jes* 9,5) Die Einsetzung ins Königsamt ist wie eine neue Geburt. Gerade als Neugeborener aus Gottes eigenem Entscheid, als Kind von Gott her ist der König Hoffnung. Auf seinen Schultern ruht die Zukunft. Er ist Träger der Verheißung des Friedens. In der Nacht zu Bethlehem ist dieses prophetische Wort auf eine

Weise Wahrheit geworden, die in der Stunde des Jesaja noch nicht vorstellbar gewesen wäre. Ja, nun ist es wirklich ein Kind, auf dessen Schultern die Herrschaft liegt. In ihm erscheint das neue Königtum, das Gott in der Welt aufrichtet. Dieses Kind ist wirklich aus Gott geboren. Es ist Gottes ewiges Wort, das Menschsein und Gottsein einander verbindet. Von diesem Kind gelten die Würdetitel, die das Krönungslied des Propheten ihm zulegt: Wunderbarer Ratgeber – Starker Gott – Vater in Ewigkeit – Fürst des Friedens (*Jes* 9,5). Ja, dieser König braucht nicht Ratgeber aus den Weisen der Welt. Es trägt Gottes Weisheit und Rat in sich selbst. Er ist gerade in der Schwäche des Kindseins der starke Gott und zeigt uns so gegenüber den auftrumpfenden Mächten dieser Welt Gottes eigene Stärke.
Die Worte des Krönungsrituals in Israel waren immer in Wahrheit nur Rituale der Hoffnung, die auf eine von Gott zu schenkende Zukunft vorausschauten. Keiner der Könige, die auf diese Weise begrüßt wurden, entsprach der Größe dieser Worte. In ihnen allen blieben die Worte von der Sohnschaft Gottes, von der Einsetzung ins Erbe der Völker, vom Eigentum bis ans Ende der Erde (*Ps* 2,8) nur Verweise auf Kommendes – gleichsam Wegzeichen der Hoffnung, die auf eine Zukunft hinführen, die in jenem Augen-

blick noch unverstehbar war. So ist die Erfüllung des Wortes, die in der Nacht zu Bethlehem beginnt, zugleich unendlich größer und weltlich gesehen geringer, als das prophetische Wort ahnen ließ. Sie ist größer, denn dieses Kind ist wirklich Gottes Sohn, wirklich »Gott von Gott, Licht vom Licht, gezeugt nicht geschaffen, eines Wesens mit dem Vater«. Die unendliche Entfernung zwischen Gott und Mensch ist überbrückt. Gott hat sich nicht nur herabgebeugt, wie die Psalmen es beten; er ist wirklich »herabgestiegen«, in die Welt eingegangen, einer von uns geworden, um uns alle an sich zu ziehen. Dieses Kind ist wirklich Emmanuel – Gott mit uns.

Predigt, Christmette am Fest der Geburt des Herrn, Petersdom, 24. Dezember 2010

»Für wen halten die Leute den Menschensohn?« [Die Jünger] antworteten, dass ihn einige aus dem Volk für den wieder lebendig gewordenen Johannes den Täufer, andere für Elija, Jeremia oder sonst einen Propheten hielten. Dann fragte der Herr die Zwölf direkt: »Ihr aber, für wen haltet ihr mich?« Im Namen aller war es Petrus, der energisch und entschlossen das Wort ergriff: »Du bist der Messias, der Sohn des lebendigen Gottes!« Ein feierliches Glaubensbekenntnis, das die Kirche seitdem wiederholt. Auch wir wollen [...] mit tiefer Überzeugung ausrufen: Ja, Jesus, du bist der Messias, der Sohn des lebendigen Gottes! Wir tun dies in dem Bewusstsein, dass Christus der wahre »Schatz« ist, für den es sich lohnt, alles zu opfern; er ist der Freund, der uns nie verlässt, da er die tiefsten Sehnsüchte unseres Herzens kennt. Jesus ist der »Sohn des lebendigen Gottes«, der verheißene Messias, der in die Welt gekommen ist, um der Menschheit das Heil anzubieten und den Durst nach Leben und Liebe zu stillen, den jeder Mensch in sich trägt. Welch großen Nutzen würde die Menschheit daraus ziehen, nähme sie diese Botschaft auf, die Freude und Frieden mit sich bringt!

Angelus, Castel Gandolfo, 24. August 2008

Der Heilige Geist ist es, der uns in Christus den Herrn erkennen lässt, und er lässt uns das Glaubensbekenntnis der Kirche sprechen: »Jesus ist der Herr« (vgl. *1 Kor* 12,3b). »Herr« ist der Gott im Alten Testament gegebene Titel, ein Titel, der in der Lesung der Bibel den Platz seines unaussprechlichen Namen einnahm. Das Credo der Kirche ist nichts anderes als die Entfaltung dessen, was mit diesem einfachen Satz gesagt wird: »Jesus ist der Herr.« Von diesem Glaubensbekenntnis sagt uns der hl. Paulus, dass es sich gerade um das Wort und das Werk des Heiligen Geistes handele. Wenn wir im Geist sein wollen, so müssen wir diesem Credo zustimmen. Indem wir es uns zu eigen machen, indem wir es als unser Wort annehmen, haben wir Zugang zum Wirken des Heiligen Geistes.

Der Ausdruck »Jesus ist der Herr« kann in seinem zweifachen Sinn gelesen werden. Er bedeutet: Jesus ist Gott, und zugleich: Gott ist Jesus. Der Heilige Geist erhellt diese Gegenseitigkeit: Jesus besitzt göttliche Würde, und Gott hat das menschliche Antlitz Jesu. Gott zeigt sich in Jesus und schenkt uns damit die Wahrheit über uns selbst. Sich in der Tiefe von diesem Wort erleuchten zu lassen ist das Pfingstereignis. Wenn wir das Credo beten, treten wir in das Geheimnis des ersten Pfingsten ein: Gegenüber der Unordnung Babels, gegenüber jenen Stimmen, die sich gegenseitig anschreien, vollzieht sich eine radikale Verwandlung: Die Vielfalt wird zu einer vielgestaltigen Einheit, der einenden Macht der Wahrheit entwächst das Verstehen. Im Credo, das uns auf der ganzen Erde vereint, das es durch den Heiligen Geist möglich macht, dass man sich durch den Glauben, die Hoffnung und die Liebe auch in der Verschiedenheit der Sprachen versteht, bildet sich die neue Gemeinschaft der Kirche Gottes.

Predigt, hl. Messe am Hochfest Pfingsten, Petersdom, 12. Juni 2011

empfangen durch den Heiligen Geist, geboren von der Jungfrau Maria,

Welch großes Geschenk ist es, die unbefleckt empfangene Jungfrau Maria zur Mutter zu haben! Eine Mutter, die erglänzt in ihrer Schönheit und die Liebe Gottes durchscheinen lässt. Ich denke an die jungen Menschen von heute: Sie sind in einem Umfeld aufgewachsen, das von Botschaften gesättigt ist, die falsche Modelle des Glücks vorbringen. Diese Jungen und Mädchen laufen Gefahr, die Hoffnung zu verlieren, da sie oft der wahren Liebe beraubt zu sein scheinen, die das Leben mit Freude und Sinn erfüllt. [...] Nicht wenige Erfahrungen sagen uns leider, dass die Jugendlichen, die jungen Männer und Frauen und sogar die Kinder leicht der Verdorbenheit der Liebe zum Opfer fallen können, betrogen von skrupellosen Erwachsenen, die sich selbst und die jungen Menschen belügen und sie so in die Sackgasse des Konsumismus hineinziehen: Auch die heiligsten Wirklichkeiten wie der Leib des Menschen, Tempel des Gottes der Liebe und des Lebens, werden so zu Gegenständen des Konsums; und das immer früher, schon in der Zeit vor dem Jugendalter.

Wie traurig ist es doch, wenn die Jungen und Mädchen das Staunen, den Zauber der schönsten Gefühle, den Wert der Achtung für den Leib verlieren, der Offenbarung der Person und ihres unergründlichen Geheimnisses ist!
An all dies erinnert uns Maria, die unbefleckt Empfangene, die wir in all ihrer Schönheit und Heiligkeit betrachten. Am Kreuz hat Jesus sie Johannes und allen Jüngern anvertraut (vgl. *Joh* 19,27), und seither ist sie Mutter für die ganze Menschheit, Mutter der Hoffnung.

Angelus, Spanischer Platz, 8. Dezember 2007

»Sei gegrüßt, du Begnadete, der Herr ist mit dir«, sagt der Bote Gottes, und auf diese Weise offenbart er die tiefste Identität Mariens, sozusagen den »Namen«, unter dem Gott selbst sie kennt: »voll der Gnade«. Dieser Ausdruck, der uns seit unserer Kindheit so vertraut ist, da wir ihn jedes Mal aussprechen, wenn wir das »Gegrüßt seist du, Maria« beten, bietet uns die Erklärung des Geheimnisses, das wir [...] feiern. Maria ist nämlich von dem Augenblick an, da sie von ihren Eltern gezeugt wurde, Gegenstand einer einzigartigen Liebe Gottes gewesen, der sie in seinem ewigen Plan auserwählt hat, die Mutter seines menschgewordenen Sohnes zu sein, und sie folglich vor der Erbsünde bewahrt hat. Deshalb wendet sich der Engel an sie mit jenem Namen, der die ihm innewohnende Bedeutung besitzt: »von jeher erfüllt von der Liebe Gottes«, seiner Gnade

Das Geheimnis der Unbefleckten Empfängnis ist Quelle des inneren Lichts, der Hoffnung und des Trostes. Inmitten der Prüfungen des Lebens und besonders der Widersprüche, die der Mensch in sich und um sich herum erfährt, sagt uns Maria, die Mutter Christi, dass die Gnade größer ist als die Sünde, dass die Barmherzigkeit Gottes mächtiger ist als das Böse und es in das Gute zu verwandeln vermag. Leider machen wir jeden Tag die Erfahrung des Bösen, das sich auf vielfältige Weise in den Beziehungen und in den Ereignissen zeigt, jedoch seine Wurzel im Herzen des Menschen hat, einem verletzten, kranken Herzen, das unfähig ist, sich aus eigener Kraft zu heilen. Die Heilige Schrift offenbart uns, dass der Ursprung alles Bösen der Ungehorsam gegenüber dem Willen Gottes ist und dass der Tod zur Herrschaft gekommen ist, weil die menschliche Freiheit den Versuchungen Satans nachgegeben hat. Doch Gott gibt seinen Plan der Liebe und des Lebens nicht auf: Auf einem langen und geduldigen Weg der Versöhnung hat er den neuen und ewigen Bund vorbereitet, der im Blut seines Sohnes besiegelt ist, welcher – um sich selbst als Sühneopfer hinzugeben – »von einer Frau geboren« worden ist (*Gal* 4,4). Diese Frau, die Jungfrau Maria, hat im Voraus am Erlösungstod ihres Sohnes Anteil gehabt und ist von ihrer Empfängnis an vor allem Makel der Schuld bewahrt worden. Daher sagt sie mit ihrem unbefleckten Herzen: Vertraut euch Jesus an, er rettet euch!

Angelus, Petersplatz, 8. Dezember 2010

»Von nun an preisen mich selig alle Geschlechter.« Wir können Maria preisen, sie verehren, weil sie »selig« ist, selig ist für immer. [...] Sie ist selig, weil sie mit Gott verbunden ist, mit ihm und in ihm lebt. Am Vorabend seines Leidens sagte der Herr, von den Seinen Abschied nehmend: »Ich gehe, um im großen Haus des Vaters einen Platz für euch vorzubereiten. Im Haus des Vaters gibt es viele Wohnungen.« Und indem sie sagt: »Ich bin deine Magd, dein Wille geschehe«, hat Maria die Wohnung Gottes hier auf Erden vorbereitet; mit Leib

und Seele ist sie seine Wohnstatt geworden und hat so die Erde dem Himmel geöffnet.
Im Evangelium [...] gibt Lukas mit verschiedenen Hinweisen zu verstehen, dass Maria die wahre Bundeslade ist, dass das Geheimnis des Tempels – die Einwohnung Gottes hier auf Erden – sich in Maria erfüllt. Gott wohnt wahrhaft in Maria, wird hier auf Erden gegenwärtig. Maria wird das »Zelt Gottes«. Das, was alle Kulturen ersehnen – nämlich dass Gott unter uns wohnt –, wird hier Wirklichkeit. Der hl. Augustinus sagt: »Noch bevor sie den Herrn in ihrem Leib empfing, hatte sie ihn bereits in ihrer Seele empfangen.« Sie hatte dem Herrn ihre Seele geöffnet und wurde so wirklich der wahre Tempel, in dem Gott Mensch und auf dieser Erde gegenwärtig geworden ist. Und somit ist in Maria, der Wohnung Gottes auf Erden, bereits seine ewige Wohnstatt vorbereitet, für immer vorbereitet. Das ist der gesamte Inhalt des Dogmas von der Aufnahme Marias mit Leib und Seele in die himmlische Herrlichkeit, der hier in diesen Worten zum Ausdruck kommt. Maria ist »selig«, weil sie – vollkommen, mit Leib und Seele und für immer – die Wohnung des Herrn geworden ist.

Predigt, hl. Messe am Hochfest der Aufnahme Mariens in den Himmel, Pfarrkirche des hl. Thomas von Villanova, Castel Gandolfo, 15. August 2006

[D]as Neue Testament [sagt uns], dass die wahre Lade des Bundes eine lebendige und konkrete Person ist: die Jungfrau Maria. Gott wohnt nicht in einem beweglichen Möbel, Gott wohnt in einer Person, in einem Herzen: in Maria, die den menschgewordenen ewigen Sohn Gottes, Jesus, unseren Herrn und Erlöser, in ihrem Schoß getragen hat. [...] Maria ist die Lade des Bundes, weil sie Jesus in sich aufgenommen hat. Sie hat das lebendige Wort in sich aufgenommen, alles, was im Willen Gottes, in der Wahrheit Gottes enthalten ist; sie hat denjenigen in sich aufgenommen, der der neue und ewige Bund ist. Dieser Bund hat seinen Höhepunkt gefunden in der Hingabe seines Leibes und seines Blutes: des Leibes und des Blutes, die er von Maria empfangen hat. Zu Recht ruft die christliche Frömmigkeit sie daher in den Litaneien zu Ehren der Gottesmutter an als »Foederis Arca«, also »Arche des Bundes«, Lade der Gegenwart Gottes, Lade des Bundes der Liebe, den Gott in Christus endgültig mit der gesamten Menschheit geschlossen hat. [...]
Ihr, der lebendigen Lade des Bundes, ist eine außerordentliche Herrlichkeit verheißen, weil sie mit dem Sohn, den sie im Glauben angenommen und im Fleisch hervorgebracht hat, so eng verbunden ist, dass sie völligen Anteil hat an seiner himmlischen

Herrlichkeit. [...] »Dann erschien ein großes Zeichen am Himmel: eine Frau, mit der Sonne bekleidet; der Mond war unter ihren Füßen und ein Kranz von zwölf Sternen auf ihrem Haupt. Sie war schwanger ... Und sie gebar ein Kind, einen Sohn, der über alle Völker ... herrschen wird« (12,1-2.5).
Die Größe Mariens: Sie ist die Mutter Gottes, die Begnadete, die vollkommen fügsam ist gegenüber dem Wirken des Heiligen Geistes, sie lebt bereits in Gottes Himmel mit ihrem ganzen Sein, Seele und Leib.

Predigt, hl. Messe am Hochfest der Aufnahme Mariens in den Himmel, Pfarrkirche des hl. Thomas von Villanova, Castel Gandolfo, 15. August 2011

Das Geheimnis [von Marias] göttliche[r] Mutterschaft [...] enthält in überreichem Maße jenes Geschenk der Gnade, das jede menschliche Mutterschaft in sich trägt, so sehr, dass die Fruchtbarkeit des Mutterschoßes immer in Verbindung mit dem Segen Gottes gesehen wurde. Die Mutter Gottes ist die erste Gesegnete, und sie ist es, die den Segen bringt; sie ist die Frau, die Jesus in sich aufgenommen hat und ihn für die ganze Menschheitsfamilie geboren hat. So beten wir in der Liturgie: »Im Glanz

unversehrter Jungfräulichkeit hat sie der Welt das ewige Licht geboren, unseren Herrn Jesus Christus« (Marienpräfation I).
Maria ist Mutter und Urbild der Kirche, die in ihrem Glauben das göttliche Wort aufnimmt und sich Gott darbietet als »guter Boden«, in dem er sein Geheimnis der Erlösung weiter vollbringen kann.

Predigt, hl. Messe am Hochfest der Gottesmutter Maria, Petersdom, 1. Januar 2012

»Gott ist Licht« – sagt der heilige Johannes – »und keine Finsternis ist in ihm« (*1 Joh* 1,5). Im Buch Genesis lesen wir, dass, als das Universum seinen Anfang nahm, »die Erde wüst und wirr war und Finsternis über der Urflut lag«. »Gott sprach: Es werde Licht. Und es wurde Licht« (*Gen* 1,2.3). Das schöpferische Wort Gottes ist Licht, Quelle des Lebens. Alles ist durch den *Logos* geworden und ohne Ihn wurde nichts, was geworden ist (vgl. *Joh* 1,3). Das ist der Grund, warum alle Geschöpfe grundsätzlich gut sind und Gottes Spur in sich tragen, einen Funken seines Lichts. Dennoch, als Jesus aus der Jungfrau Maria geboren wurde, ist das Licht selbst in die

Welt gekommen: »Gott von Gott, Licht vom Licht« bekennen wir im Credo. In Jesus hat Gott angenommen, was er nicht war, während er blieb, was er war: »Die Allmacht trat in einen Kindesleib ein und entzog sich nicht der Leitung des Weltalls« (vgl. Augustinus, *Sermo* 184,1 über Weihnachten). Er wurde Mensch, der der Schöpfer des Menschen ist, um der Welt den Frieden zu bringen. Daher singen in der Nacht von Weihnachten die Scharen der Engel: »Verherrlicht ist Gott in der Höhe, und auf Erden ist Friede bei den Menschen seiner Gnade« (*Lk* 2,14).

Botschaft beim Segen »Urbi et Orbi«, 25. Dezember 2007

gelitten unter Pontius Pilatus, gekreuzigt, gestorben und begraben,

Das Kreuz ist Quelle unsterblichen Lebens, es ist Schule der Gerechtigkeit und des Friedens, es ist universelles Erbe der Vergebung und des Erbarmens; es ist bleibender Beweis einer selbstlosen und unendlichen Liebe, die Gott dazu gedrängt hat, ein verwundbarer Mensch wie wir zu werden – bis zum Tod am Kreuz. Seine durchbohrten Arme öffnen sich für jeden Menschen und laden uns ein, uns ihm in der Gewissheit zu nähern, dass er uns aufnimmt und in einer Umarmung von unendlicher Zärtlichkeit an sich zieht: »Und ich, wenn ich über die Erde erhöht bin, werde alle zu mir ziehen« (*Joh* 12,32), hatte er gesagt.

Durch den leidvollen Weg des Kreuzes sind die Menschen aller Zeiten, versöhnt und erlöst durch das Blut Christi, zu Freunden Gottes, zu Kindern des himmlischen Vaters geworden. »Freund!« nennt Jesus den Judas und richtet an ihn die letzte dramatische Aufforderung zur Umkehr; Freund nennt er jeden von uns, da er ein wahrer Freund aller ist. Leider sind die Menschen nicht immer dazu imstande, die Tiefe dieser grenzenlosen Liebe zu begreifen, die

Gott für seine Geschöpfe hegt. Für ihn gibt es keinen Unterschied nach Rasse und Kultur. Jesus Christus ist gestorben, um die ganze Menschheit von der Unkenntnis Gottes, vom Kreis des Hasses und der Rache, von der Knechtschaft der Sünde zu befreien. Das Kreuz macht uns zu Geschwistern.

Wir fragen uns: Was aber haben wir mit dieser Gabe gemacht? Was haben wir mit der Offenbarung des Antlitzes Gottes in Christus, mit der Offenbarung der Liebe Gottes, die den Hass besiegt, gemacht? So viele auch in unserer Zeit kennen Gott nicht und können ihn nicht im gekreuzigten Christus finden; so viele sind auf der Suche nach einer Liebe und einer Freiheit, die Gott ausschließt; so viele glauben, Gott nicht zu brauchen. [...] Durch sein Sterben hat der Herr die Sünder, also auch uns alle, gerettet. Der Apostel Petrus schreibt: Jesus »hat unsere Sünden mit seinem Leib auf das Holz des Kreuzes getragen, damit wir tot seien für die Sünden und für die Gerechtigkeit leben. Durch seine Wunden seid ihr geheilt« (1 *Petr* 2,24). Das ist die Wahrheit des Karfreitags: Am Kreuz hat uns der Erlöser die Würde zurückgegeben, die uns zukommt; er hat uns zu Adoptivkindern Gottes gemacht, der uns nach seinem Bild und Gleichnis geschaffen hat.

Worte, Kreuzweg am Kolosseum, Karfreitag, 21. März 2008

Denken wir einen Augenblick an die Szene auf dem Kalvarienberg, und hören wir noch einmal die Worte, die Jesus vom Kreuz herab an den Verbrecher richtet, der zu seiner Rechten gekreuzigt ist: »Amen, ich sage dir: Heute noch wirst du mit mir im Paradies sein« (*Lk* 23,43). Denken wir an die beiden Jünger auf dem Weg nach Emmaus, als sie ihn, nachdem sie ein Stück des Weges mit dem auferstandenen Jesus gegangen sind, erkennen und noch in derselben Stunde nach Jerusalem aufbrechen, um die Auferstehung des Herrn zu verkündigen (vgl. *Lk* 24,13-35). Mit neuer Klarheit kommen ihnen die Worte des Meisters wieder in den Sinn: »Euer Herz lasse sich nicht verwirren. Glaubt an Gott und glaubt an mich! Im Haus meines Vaters gibt es viele Wohnungen. Wenn es nicht so wäre, hätte ich euch dann gesagt: Ich gehe, um einen Platz für euch vorzubereiten?« (*Joh* 14,1-2). Gott hat sich wirklich gezeigt, er ist zugänglich geworden, er hat die Welt so sehr geliebt, »dass er seinen einzigen Sohn hingab, damit jeder, der an ihn glaubt, nicht zugrunde geht, sondern das ewige Leben hat« (*Joh* 3,16), und im erhabensten Akt der Liebe am Kreuz, indem er in den Abgrund des Todes hinabgestiegen ist, hat er ihn überwunden, ist er auferstanden und hat er auch uns die Tore der Ewigkeit geöffnet. Christus trägt uns durch die Nacht des Todes, durch die er selbst hindurchgegangen ist; er ist der gute Hirt, dessen Führung man sich ohne jegliche Angst anvertrauen kann, denn er kennt den Weg gut, auch durch die Finsternis hindurch. Jeden Sonntag bekräftigen wir, wenn wir das Glaubensbekenntnis sprechen, diese Wahrheit.

Generalaudienz, Audienzhalle, 2. November 2011

Kreuz und Auferstehung, Kreuzigung als Erhöhung, als Übergang in die Herrlichkeit Gottes, als »Hinübergehen« aus der Welt zum Vater. Es ist nicht so, als ob Jesus nach einem kurzen Besuch auf der Welt nun einfach wieder weggehen und zum Vater zurückkehren würde. Das Hinübergehen ist eine Verwandlung. Er nimmt sein Fleisch, sein Menschsein mit. Im Kreuz, in der Hingabe seiner selbst wird er umgeschmolzen in eine neue Weise des Seins, in der er nun immer zugleich beim Vater und bei den Menschen ist. Das Kreuz, den Akt der Tötung wandelt er um in einen Akt der Hingabe, der Liebe bis ans Ende. Johannes weist mit diesem Wort »bis ans Ende« voraus auf das letzte Wort Jesu am Kreuz: Es ist vollendet, vollbracht (19,30). Durch seine Liebe wird das Kreuz zur *Metabasis*, zur Verwandlung des Menschseins in das Mitsein mit Gottes Herrlichkeit. In diese Verwandlung, in die verwandelnde Kraft seiner Liebe zieht er uns alle hinein, sodass im Mitsein mit ihm unser Leben »Übergang«, Verwandlung wird. So empfangen wir Erlösung – das Zugehören zur ewigen Liebe, auf das wir mit unserer ganzen Existenz warten.

Predigt, Abendmahlsmesse am Gründonnerstag, Lateranbasilika, 20. März 2008

Die Auferstehung Christi begründet unseren festen Glauben und erleuchtet unsere ganze irdische Pilgerschaft, einschließlich des menschlichen Rätsels von Leid und Tod. Der Glaube an den gekreuzigten und auferstandenen Christus ist das Herzstück der ganzen Botschaft des Evangeliums, der zentrale Kern unseres Glaubensbekenntnisses. Eine wesentliche Aussage dieses Glaubensbekenntnisses können wir in einem bekannten Abschnitt bei Paulus im *Ersten Brief an die Korinther* (15,3-8) finden: Dort übermittelt der Apostel als Antwort an einige

Mitglieder der Gemeinde von Korinth, die zwar die Auferstehung Jesu verkündeten, aber paradoxerweise die Auferstehung der Toten – unsere Hoffnung – leugneten, getreu das, was er – Paulus – von der ersten apostolischen Gemeinde über den Tod und die Auferstehung des Herrn empfangen hatte.
Er beginnt mit einer gleichsam endgültigen Aussage: »Ich erinnere euch, Brüder, an das Evangelium, das ich euch verkündet habe. Ihr habt es angenommen; es ist der Grund, auf dem ihr steht. Durch dieses Evangelium werdet ihr gerettet, wenn ihr an dem Wortlaut festhaltet, den ich euch verkündet habe. Oder habt ihr den Glauben vielleicht unüberlegt angenommen?« (V. 1-2). Er fügt sogleich hinzu, er habe an sie das weitergegeben, was er selbst empfangen hatte. [...] Der hl. Paulus weist uns vor allem auf den Tod Jesu hin und fügt in diesem so knappen Text zu der Nachricht, dass »Christus gestorben ist«, zwei ergänzende Bemerkungen hinzu. Die erste Hinzufügung lautet: Er ist gestorben »für unsere Sünden«; die zweite: »gemäß der Schrift« (V. 3). Dieser Ausdruck »gemäß der Schrift« setzt das Ereignis des Todes des Herrn in Beziehung zur Geschichte des alttestamentlichen Bundes Gottes mit seinem Volk und lässt uns verstehen, dass der Tod des Gottessohnes in das Gefüge der Heilsgeschich-

te hineingehört, ja macht uns begreiflich, dass diese Geschichte vom Tod Christi her ihre Logik und wahre Bedeutung erhält. Bis zu jenem Augenblick war der Tod Christi ein Rätsel geblieben, dessen Ausgang noch ungewiss war. Im Ostergeheimnis erfüllen sich die Worte der Schrift. Dies heißt: Dieser Tod, der »gemäß der Schrift« geschehen ist, ist ein Ereignis, das einen »*logos*«, eine Logik in sich trägt: Der Tod Christi bezeugt, dass das Wort Gottes bis ins Innerste »Fleisch«, menschliche »Geschichte«, geworden ist. Wie und warum das geschehen ist, erfasst man aus dem zweiten Zusatz des hl. Paulus: Christus ist »für unsere Sünden« gestorben. Mit diesen Worten scheint der Paulustext die im *Vierten Lied vom Gottesknecht* enthaltene Prophezeiung des Jesaja wieder aufzunehmen (vgl. *Jes* 53,12). Der Gottesknecht – so heißt es in dem *Lied* – »hat sich selbst bis zum Tod entäußert«, hat »die Sünden von vielen« getragen und dadurch, dass er für die »Schuldigen« eintrat, konnte er das Geschenk der Versöhnung der Menschen untereinander und der Menschen mit Gott erwirken: Sein Tod ist also ein Tod, der dem Tod ein Ende macht; der Weg des Kreuzes führt zur Auferstehung.

Generalaudienz, Petersplatz, 15. April 2009

hinabgestiegen in das Reich des Todes,

Im Glaubensbekenntnis bekennen wir, dass Christus gekreuzigt wurde unter Pontius Pilatus, gestorben ist und begraben wurde, hinabgestiegen ist in das Reich des Todes und am dritten Tage auferstanden ist von den Toten. [...]
In jener »Zeit jenseits aller Zeit« ist Jesus Christus »in das Reich des Todes hinabgestiegen«.
Was bedeutet dieser Ausdruck? Er besagt, dass der menschgewordene Gott so weit gegangen ist, in die extreme und absolute Einsamkeit des Menschen einzutreten, wohin kein Strahl der Liebe dringt, wo völlige Verlassenheit herrscht, ohne auch nur ein Wort des Trostes: »das Reich des Todes«. Jesus Christus hat durch sein Im-Tod-Bleiben das Tor dieser letzten Einsamkeit durchschritten, um auch uns dazu zu führen, es gemeinsam mit ihm zu durchschreiten. Wir haben alle schon einmal ein furchtbares Gefühl der Verlassenheit gehabt.
Und was uns am Tod am meisten Angst macht, ist gerade dies, wie Kinder haben wir Angst, in der Dunkelheit allein zu sein, und nur die Anwesenheit

eines Menschen, der uns liebt, kann uns beruhigen. Genau das hat sich am Karsamstag ereignet: Im Reich des Todes ist die Stimme Gottes erklungen. Das Undenkbare ist geschehen: Die Liebe ist vorgedrungen in das »Reich des Todes«. Auch in der extremsten Dunkelheit der absoluten menschlichen Einsamkeit können wir eine Stimme hören, die uns ruft, und eine Hand finden, die uns ergreift und uns nach draußen führt. Der Mensch lebt durch die Tatsache, dass er liebt und lieben kann; und wenn die Liebe auch in den Raum des Todes eingedrungen ist, so ist auch dort das Leben angekommen. In der Stunde der extremsten Einsamkeit werden wir nie allein sein: »*Passio Christi. Passio hominis.*«
Dies ist das Geheimnis des Karsamstags! Gerade von dort, aus dem Dunkel des Todes des Sohnes Gottes, ist das Licht einer neuen Hoffnung hervorgebrochen: das Licht der Auferstehung.

Pastoralbesuch in Turin, Verehrung des Grabtuches, 2. Mai 2010

Im Credo bekennen wir über Christi Weg: Er ist hinabgestiegen in das Reich des Todes. Was ist da geschehen? Weil wir die Welt des Todes nicht kennen, können wir uns diesen Vorgang der Überwindung des Todes nur in Bildern vorstellen, die unangemessen bleiben. Dennoch, in allem Ungenügen helfen sie uns, etwas vom Geheimnis zu verstehen. Die Liturgie wendet auf den Abstieg Jesu in die Nacht des Todes das Wort des Psalms 23 (24) an: »Ihr Tore, hebt euch nach oben; tut euch auf, ihr uralten Pforten!« Die Tür des Todes ist verschlossen, niemand kann je zurückkommen. Es gibt keinen Schlüssel zu dieser ehernen Tür. Christus aber hat den Schlüssel. Sein Kreuz reißt die Tore des Todes auf, die unwiderruflichen. Sie sind nicht mehr unwiderruflich. Sein Kreuz, die Radikalität seiner Liebe ist der Schlüssel, der dieses Tor öffnet. Die Liebe dessen, der als Gott Mensch wurde, um sterben zu können, sie hat die Kraft, die Tür zu öffnen. Diese Liebe ist stärker als der Tod. Die Oster-Ikonen der Ostkirche zeigen, wie Jesus hineintritt in die Welt der Toten. Sein Gewand ist Licht, denn Gott ist Licht. »Nacht leuchtet wie der Tag, Finsternis wie Licht« (*Ps* 138 [139],12). Jesus, der in die Totenwelt hineintritt, trägt die Wundmale: Seine Verwundung, sein Leiden ist Macht geworden, ist Liebe, die den Tod überwindet. Er begegnet Adam und allen in der Nacht des Todes wartenden Menschen. Man glaubt bei ihrem Anblick förmlich, das Gebet des Jona zu hören: »Aus der Tiefe der Unterwelt schrie ich um Hilfe, und du hörtest meinen Ruf« (Jona 2,3). Der Sohn Gottes hat sich in der Inkarnation mit dem Wesen Mensch – mit Adam geeint. Aber erst in dem Augenblick, in dem er den letzten Akt der Liebe vollzieht und absteigt in die Nacht des Todes, vollendet er den Weg der Inkarnation. Durch sein Sterben nimmt er Adam, nimmt er die wartenden Menschen an die Hand und führt sie ans Licht.

Nun kann man aber fragen: Was bedeutet dieses Bild? Was ist da wirklich durch Christus Neues geschehen? Die Seele des Menschen ist doch an sich, von der Schöpfung her, unsterblich – was hat Jesus Neues gebracht? Ja, die Seele ist unsterblich, weil der Mensch in einzigartiger Weise im Gedächtnis und in der Liebe Gottes steht, auch als Gefallener. Aber seine Kraft reicht nicht, sich zu Gott zu erheben. Wir haben keine Flügel, die uns in diese Höhe tragen könnten. Und doch kann dem Menschen nichts anderes auf ewig genügen, als mit Gott zu sein. Eine Ewigkeit ohne dieses Einssein mit Gott wäre Verdammung. Der Mensch kann nicht hinauf und verlangt doch hinauf: Aus der Tiefe rufe ich zu dir. Nur der auferstandene Christus kann uns hinauftragen in die Einheit mit Gott, zu der unsere eigenen Kräfte nicht hinaufreichen. Er nimmt in der Tat das verlorene Schaf auf seine Schultern und trägt es heim.

An seinem Leib festgehalten leben wir, und in der Gemeinschaft mit seinem Leib reichen wir bis ans Herz Gottes hin. Und so erst ist der Tod überwunden, sind wir frei und ist unser Leben Hoffnung.
Das ist der Jubel der Osternacht: Wir sind frei. Durch die Auferstehung Jesu hat die Liebe sich stärker gezeigt als der Tod und als das Böse. Die Liebe ließ ihn absteigen, und sie ist zugleich die Kraft, in der er aufsteigt. Und durch die er uns mitnimmt. Geeint mit seiner Liebe, von ihren Flügeln getragen, steigen wir mit ihm als Liebende ab in die Dunkelheiten der Welt und wissen, dass wir gerade so mit ihm aufsteigen.

Predigt, Ostervigil, Petersdom, 7. April 2007

In seinen Abschiedsreden hat Jesus den Jüngern seinen bevorstehenden Tod und seine Auferstehung mit einem geheimnisvollen Satz angekündigt. Er sagt: »Ich gehe und ich komme zu euch« (*Joh* 14,28). Sterben ist ein Weggehen. Auch wenn der Körper des Toten noch bleibt, er selbst ist weggegangen ins Unbekannte, und wir können ihm nicht folgen (vgl. *Joh* 13,36). Aber bei Jesus gibt es etwas einzigartig

Neues, das die Welt verändert. Das Weggehen in unserem Tod ist definitiv, es gibt keine Rückkehr. Jesus aber sagt über seinen Tod: »Ich gehe und ich komme zu euch.« Gerade indem er geht, kommt er. Sein Gehen eröffnet eine ganz neue und größere Weise seiner Anwesenheit. Er geht mit seinem Sterben hinein in die Liebe des Vaters. Sein Sterben ist ein Akt der Liebe. Die Liebe aber ist unsterblich. Deshalb verwandelt sich sein Weggehen in ein neues Kommen, in eine tiefer reichende und nicht mehr endende Form von Gegenwart. In seinem irdischen Leben war Jesus wie wir alle an die äußeren Bedingungen unseres körperlichen Daseins gebunden: an diesen Ort, an diese Zeit. Die Leibhaftigkeit beschränkt unser Dasein. Wir können nicht gleichzeitig an einem und an einem anderen Ort sein. Unsere Zeit ist endlich. Und zwischen Ich und Du steht die Wand der Andersheit. Gewiss, in der Liebe können wir irgendwie in die Existenz des anderen eintreten. Dennoch bleibt die unüberschreitbare Schranke des Andersseins. Jesus aber, der nun ganz durch den Akt der Liebe umgewandelt ist, ist frei von diesen Schranken und Grenzen. Er kann nicht nur äußerlich Türen durchschreiten, die verschlossen sind, wie uns die Evangelien erzählen (vgl. *Joh* 20,19). Er kann die innere Tür von Ich und Du durchschreiten, die verschlossene Tür zwischen gestern und heute, zwischen damals und morgen. Als am Tag seines feierlichen Einzugs in Jerusalem eine Gruppe von Griechen gebeten hatte, ihn zu sehen, hat er mit dem Gleichnis vom Weizenkorn geantwortet, das durch den Tod hindurchgehen muss, um viel Frucht zu tragen. Er hatte damit sein eigenes Geschick vorausgesagt: Nicht jetzt, für ein paar Minuten, wollte er mit diesem oder jenem Griechen reden. Durch sein Kreuz hindurch, durch sein Gehen, durch sein Sterben als Weizenkorn kam er wirklich zu den Griechen, sodass sie ihn sehen konnten und ihn berühren durften im Glauben. Sein Gehen wird zum Kommen in der universalen Weise der Gegenwart des Auferstandenen – gestern, heute und in Ewigkeit. Auch heute kommt er und umspannt alle Zeiten und Orte. Er kann nun auch die Wand der Andersheit durchschreiten, die Ich und Du voneinander trennt. So ist es Paulus geschehen, der den Vorgang seiner Bekehrung und seiner Taufe mit den Worten beschreibt: Ich lebe, doch nicht mehr ich, sondern Christus lebt in mir (*Gal* 2,20).

Predigt, Ostervigil, Petersdom, 22. März 2008

am dritten Tage auferstanden von den Toten,

»*Et resurrexit tertia die secundum Scripturas* – Er ist am dritten Tage auferstanden nach der Schrift.« Jeden Sonntag erneuern wir mit dem Credo das Bekenntnis unseres Glaubens an die Auferstehung Christi, jenes erstaunliche Ereignis, das den Schlussstein des Christentums bildet. In der Kirche begreift man alles von diesem großen Geheimnis her, das den Lauf der Geschichte verändert hat und bei jeder Eucharistiefeier gegenwärtig wird. [...] [W]ir müssen unsere Bindung an den für uns gestorbenen und auferstandenen Christus beständig erneuern: Sein Ostern ist auch unser Ostern, da uns im auferstandenen Christus die Gewissheit unserer Auferstehung geschenkt wird. Die Nachricht von seiner Auferstehung von den Toten veraltet nicht, und Jesus ist immer lebendig; und lebendig ist sein Evangelium. »Der Glaube der Christen«, sagt der hl. Augustinus, »ist die Auferstehung Christi.« Die *Apostelgeschichte* erklärt das mit aller Deutlichkeit: »Gott hat vor allen Menschen Jesus dadurch ausgewiesen, dass er ihn von den Toten auferweckt hat«

(17,31). Um zu beweisen, dass Jesus wahrhaftig der Sohn Gottes, der erwartete Messias ist, reichte in der Tat der Tod nicht aus. Wie viele Menschen haben im Laufe der Geschichte für eine für gerecht gehaltene Sache ihr Leben aufgeopfert und sind gestorben! Und tot sind sie geblieben. Der Tod des Herrn beweist die unermessliche Liebe, mit der er uns geliebt hat, bis hin zum Opfer für uns; aber erst seine Auferstehung ist der »sichere Beweis«, ist die Gewissheit, dass alles, was er sagt, die Wahrheit ist, die auch für uns, für alle Zeiten gilt. Dadurch, dass ihn der Vater auferweckte, hat er ihn verherrlicht. So schreibt der hl. Paulus im *Brief an die Römer*: »Wenn du mit deinem Mund bekennst: ›Jesus ist der Herr‹ und in deinem Herzen glaubst: ›Gott hat ihn von den Toten auferweckt‹, so wirst du gerettet werden« (10,9).

Es ist wichtig, diese grundlegende Wahrheit unseres Glaubens zu bekräftigen, deren historische Wahrheit ausführlich belegt ist, auch wenn es heute wie in der Vergangenheit nicht an jenen fehlt, die sie auf verschiedene Weise infrage stellen oder gar leugnen. Das Schwinden des Glaubens an die Auferstehung Jesu schwächt daher das Zeugnis der Gläubigen. Denn wenn in der Kirche der Glaube an die Auferstehung abnimmt, kommt alles zum Stillstand, fällt alles auseinander. Umgekehrt verwan-

delt die Zustimmung des Herzens und des Geistes zu dem gestorbenen und auferweckten Christus das Leben und erleuchtet das ganze Dasein der Menschen und Völker. Verleiht etwa nicht die Gewissheit, dass Christus auferstanden ist, den Märtyrern jeder Epoche Mut, prophetische Unerschrockenheit und Ausdauer? Vermag etwa nicht die Begegnung mit dem lebendigen Jesus so viele Männer und Frauen zu bekehren und zu faszinieren, die seit den Anfängen des Christentums alles verlassen, um ihm zu folgen und ihr Leben in den Dienst des Evangeliums zu stellen? »Ist aber Christus nicht auferweckt worden,« – sagte der Apostel Paulus – »dann ist unsere Verkündigung leer und euer Glaube sinnlos« (1 *Kor* 15,14). Aber er ist auferweckt worden!
[...] Jesus ist auferstanden, er ist der Lebendige, und wir können ihm begegnen. So wie ihm die Frauen begegnet sind, die sich am Morgen des dritten Tages, dem Tag nach dem Sabbat, zum Grab begeben hatten; so wie ihm die Jünger begegnet sind, die überrascht und verstört über das waren, was ihnen die Frauen berichtet hatten; so wie ihm viele andere Zeugen in den Tagen nach seiner Auferstehung begegnet sind. Und auch nach seiner Himmelfahrt ist Jesus weiterhin unter seinen Freunden gegenwärtig geblieben, wie er es im Übrigen verheißen hatte:

»Ich bin bei euch alle Tage bis zum Ende der Welt« (*Mt* 28,20). Der Herr ist bei uns, bei seiner Kirche bis ans Ende der Zeiten. Die Glieder der Urkirche haben, nachdem sie vom Heiligen Geist erleuchtet worden waren, begonnen, offen und ohne Furcht die österliche Botschaft zu verkündigen. Und diese Botschaft, die von Generation zu Generation weitergegeben wurde, ist bis zu uns gelangt und erschallt jedes Jahr zu Ostern mit immer neuer Macht.

Generalaudienz, Petersplatz, 26. März 2008

»*Ihr sucht Jesus von Nazareth, den Gekreuzigten. Er ist auferstanden, er ist nicht hier*« (*Mk* 16,6). So sagt der ins Gewand des Lichtes gekleidete Gottesbote zu den Frauen, die den Leichnam Jesu im Grab suchen. So sagt es der Evangelist in dieser heiligen Nacht aber auch zu uns: Jesus ist nicht eine Gestalt der Vergangenheit. Er lebt, und als Lebender geht er uns voraus; er ruft uns, ihm, dem Lebenden, nachzugehen und so selber den Weg des Lebens zu finden.

»*Er ist auferstanden ... Er ist nicht hier.*« Als Jesus zum ersten Mal zu den Jüngern von Kreuz und Auferstehung gesprochen hatte, fragten die Jünger einander beim Herabsteigen vom Berg der Verklärung, was das sei, »von den Toten auferstehen« (*Mk* 9,10). An Ostern freuen wir uns darüber, dass Christus nicht im Grab geblieben, dass sein Leichnam nicht verwest ist; dass er der Welt der Lebenden und nicht der Toten zugehört; dass er – wie wir im Ritus der Osterkerze sagen – Alpha und Omega zugleich ist, also nicht nur gestern ist, sondern heute und in Ewigkeit (vgl. *Hebr* 13,8). Aber irgendwie liegt Auferstehung so weit außerhalb unseres Horizonts, außerhalb all unserer Erfahrungen, dass wir, wenn wir in uns gehen, den Disput der Jünger fortführen: Was ist das nun eigentlich, »auferstehen«? Was bedeutet es für uns? Für die Welt und die Geschichte im Ganzen? Ein deutscher Theologe hat einmal ironisch gesagt, das Mirakel einer wiederbelebten Leiche – wenn es denn stattgefunden habe, was er nicht glaubte – sei letztlich unwichtig, es betreffe uns ja nicht. In der Tat, wenn da nur einer irgendwann einmal wiederbelebt worden wäre, nichts sonst, was sollte uns das angehen? Aber Christi Auferstehung ist eben mehr, ist anderes. Sie ist – wenn wir einmal die Sprache der Evolutionslehre benützen dürfen – die größte »Mutation«, der absolut entscheidendste Sprung in ganz Neues hinein, der in der langen Geschichte des

Lebens und seiner Entwicklungen geschehen ist: ein Sprung in eine ganz neue Ordnung, der uns angeht und die ganze Geschichte betrifft.
Es ist klar, dass dieses Ereignis nicht irgendein vergangenes Mirakel darstellt, dessen Tatsächlichkeit uns letztlich gleichgültig sein könnte. Es ist ein Durchbruch in der Geschichte »der Evolution« und des Lebens überhaupt zu einem neuen künftigen Leben; zu einer neuen Welt, die von Christus her immerfort schon in diese unsere Welt eindringt, sie umgestaltet und an sich zieht. [...]
Die Auferstehung ist ein kosmisches Ereignis, das Himmel und Erde umfasst und zueinanderbringt. Und ebenso können wir mit dem Exsultet rufen: »Dein Sohn, unser Herr Jesus Christus, der von den Toten erstand, der den Menschen erstrahlt in österlichem Licht – er lebt und herrscht in Ewigkeit. «

Predigt, Ostervigil, Petersdom, 15. April 2006

Der heilige Markus erzählt uns in seinem Evangelium, dass die Jünger beim Herabsteigen vom Berg der Verklärung miteinander darüber diskutierten, was das bedeute: »von den Toten auferstehen«

(vgl. *Mk* 9,10). Der Herr hatte ihnen zuvor sein Leiden und die Auferstehung nach drei Tagen angekündigt. Petrus hatte Einspruch gegen die Ankündigung des Todes erhoben. Aber nun fragten sie sich, was denn mit Auferstehung gemeint sein könne. Geht es uns nicht auch so? Weihnachten, die Geburt des göttlichen Kindes, ist uns irgendwie unmittelbar zugänglich. Das Kind können wir lieben, uns die Nacht zu Bethlehem vorstellen, die Freude Marias, die Freude des heiligen Josefs und der Hirten und den Jubel der Engel. Aber Auferstehung – was ist das? In unserem Erfahrungskreis kommt das nicht vor, und so bleibt die Botschaft häufig irgendwie unbegriffen in der Vergangenheit stehen. [...]
Die Auferstehung Jesu ist eine Eruption des Lichts. Tod wird überwunden, das Grab aufgerissen. Der Auferstandene selbst ist Licht, das Licht der Welt. Mit der Auferstehung tritt der Tag Gottes in die Nächte der Geschichte hinein. Von der Auferstehung her verbreitet sich Gottes Licht durch die Welt und die Geschichte. Es wird Tag. Erst dieses Licht – Jesus Christus – ist das wahre Licht, mehr als das physikalische Phänomen Licht. Er ist das reine Licht: Gott selbst, der eine neue Schöpfung mitten in der alten werden lässt, Chaos zu Kosmos gestaltet.
Versuchen wir, das noch etwas näher zu verstehen.

Wieso ist Christus Licht? Im Alten Testament wurde die Tora als das von Gott kommende Licht für die Welt und für die Menschen angesehen. Sie scheidet in der Schöpfung Licht und Finsternis, das heißt gut und böse. Sie zeigt dem Menschen, wo der rechte Weg verläuft, um wirklich zu leben. Sie zeigt ihm das Gute, zeigt ihm die Wahrheit und führt ihn zur Liebe, die ihr tiefster Inhalt ist. Sie ist »Leuchte für den Fuß und Licht für den Pfad« (*Ps* 119,105). Und nun wussten die Christen: In Christus ist die Tora, in ihm ist Gottes Wort als Person da. Gottes Wort ist das eigentliche Licht, das der Mensch braucht. Dieses Wort ist in ihm, dem Sohn, gegenwärtig. Der *Psalm* 19 hatte die Tora mit der aufgehenden Sonne verglichen, die Gottes Herrlichkeit über die weite Welt hin sichtbar zeigt. Die Christen begreifen: Ja, Gottes Sohn ist als Licht aufgegangen über der Welt in der Auferstehung. Christus ist das große Licht, von dem alles Leben kommt. Er lässt uns Gottes Herrlichkeit erkennen von einem Ende der Erde bis zum anderen. Er zeigt uns den Weg. Er ist Gottes Tag, der sich nun wachsend ausbreitet über die Erde. Nun können wir im Licht leben, indem wir mit ihm und für ihn leben.

Predigt, Ostervigil, Petersdom, 11. April 2009

»Ich bin erstanden und bin immer bei dir.« Die Kirche antwortet auf diese Botschaft und verkündet mit Freude: »Der Herr ist auferstanden, er ist wahrhaft auferstanden. Sein ist die Macht und die Herrlichkeit in Ewigkeit. Halleluja.« Es ist die ganze feiernde Kirche, die ihre Gefühle kundtut und singt: »Das ist der Tag Christi, des Herrn.« Denn dadurch, dass Jesus von den Toten auferstanden ist, hat er seinen ewigen Tag anbrechen lassen und hat auch unserer Freude die Tür geöffnet. »Ich werde nicht sterben«, so sagt er, »ich werde leben.« Der Menschensohn, der gekreuzigt wurde, der Stein, den die Bauleute verwarfen, er ist nun zum festen Grund des neuen geistlichen Gebäudes geworden, der Kirche, seines mystischen Leibes. Das Volk Gottes, dessen unsichtbares Haupt Christus ist, ist dazu bestimmt, im Laufe der Jahrhunderte zu wachsen, bis hin zur vollen Erfüllung des Heilsplanes. Dann wird die ganze Menschheit in seinen Leib eingegliedert werden und jede bestehende Wirklichkeit wird von seinem endgültigen Sieg durchdrungen sein. Der hl. Paulus schreibt: Er wird »das All ganz und gar beherrschen« (vgl. *Eph* 1,23), und »Gott [wird] über alles und in allem [herrschen]« (1 *Kor* 15,28).

So freut sich zu Recht die Gemeinschaft der Christen – also wir alle –, da uns die Auferstehung des Herrn zusichert, dass sich der göttliche Heilsplan trotz alles Dunklem in der Geschichte gewiss erfüllen wird. Das ist der Grund, warum sein Ostern wahrhaft unsere Hoffnung ist. Und wir, die wir mit Christus durch die Taufe auferstanden sind, müssen ihm [...] treu in der Heiligkeit des Lebens nachfolgen und ohne Unterlas zum ewigen Ostern voranschreiten, getragen von dem Bewusstsein, dass die Schwierigkeiten, die Kämpfe, die Prüfungen, die Leiden unseres menschlichen Daseins einschließlich des Todes uns jetzt nicht mehr von ihm und seiner Liebe zu trennen vermögen. Seine Auferstehung hat eine Brücke zwischen der Welt und dem ewigen Leben geschlagen, die jeder Mann und jede Frau beschreiten können, um das wahre Ziel unserer irdischen Pilgerreise zu erlangen.

»Ich bin erstanden und bin immer bei dir.« Diese Zusicherung Jesu verwirklicht sich vor allem in der Eucharistie; in jeder Eucharistiefeier erfahren die Kirche und alle ihre Glieder seine lebendige Gegenwart und erfreuen sich des ganzen Reichtums seiner Liebe. Im Sakrament der Eucharistie ist der auferstandene Herr gegenwärtig und reinigt uns voll Barmherzigkeit von unserer Schuld; er nährt uns geistlich und verleiht uns Kraft, um den harten Prüfungen des Lebens standzuhalten und gegen die

Sünde und das Böse zu kämpfen. Er ist der sichere Halt auf unserer Pilgerreise zur ewigen Wohnstatt im Himmel.

Regina Cœli, Ostermontag, Castel Gandolfo, 13. April 2009

aufgefahren in den Himmel;

In der Liturgie wird über die Episode vom Abschied Jesu, des Herrn, von seinen Jüngern berichtet (vgl. *Lk* 24,50-51; *Apg* 1,2.9); dies bedeutet jedoch nicht, dass Jesus von ihnen ging, da er auf neue Weise für immer bei ihnen – bei uns – bleibt. Der hl. Bernhard von Clairvaux erklärt, dass sich die Himmelfahrt Jesu in drei Stufen vollzieht: »Die erste besteht in der Herrlichkeit der Auferstehung, die zweite in der Vollmacht zu richten und die dritte darin, dass er zur Rechten des Vaters sitzt« (*Sermo de Ascensione Domini*, 60,2: *Sancti Bernardi Opera*, t. VI, 1, 291, 20-21). Diesem Ereignis geht die Segnung der Jünger voraus, die sie auf den Empfang der Gabe des Heiligen Geistes vorbereitet, damit das Heil überall verkündet werde. Jesus selbst sagt ihnen: »Ihr seid Zeugen dafür. Und ich werde die Gabe, die mein Vater verheißen hat, zu euch herabsenden« (vgl. *Lk* 24,47-49).
Der Herr lenkt den Blick der Apostel – unseren Blick – zum Himmel hinauf, um zu zeigen, wie der Weg des Guten im Laufe unseres Lebens hier auf Erden zu gehen ist. Dennoch bleibt er in den Wechselfällen der menschlichen Geschichte gegenwärtig, er ist

einem jeden von uns nahe und leitet unseren christlichen Weg: Er ist Gefährte der um ihres Glaubens willen Verfolgten, er ist im Herzen all derer, die ausgegrenzt sind, er ist in jenen anwesend, denen das Recht auf Leben verweigert wird. Wir können Jesus, den Herrn, besonders durch das Wort und die Sakramente in der Kirche hören, sehen und berühren.

Regina Cœli, Hochfest der Himmelfahrt Christi, Petersplatz, 16. Mai 2010

»Ihr werdet die Kraft des Heiligen Geistes empfangen, der auf euch herabkommen wird; und ihr werdet meine Zeugen sein in Jerusalem und in ganz Judäa und Samarien und bis an die Grenzen der Erde« (*Apg* 1,8). Mit diesen Worten verabschiedet sich Jesus von den Aposteln [...]. Unmittelbar darauf fügt der biblische Autor hinzu: »Als er das gesagt hatte, wurde er vor ihren Augen emporgehoben, und eine Wolke nahm ihn auf und entzog ihn ihren Blicken« (*Apg* 1,9). Das ist das Geheimnis von Christi Himmelfahrt [...]. Was aber wollen uns die Bibel und die Liturgie mitteilen, wenn es heißt, dass Jesus »emporgehoben« wurde? Der Sinn dieses Ausdrucks ist nicht allein einem einzigen Textabschnitt zu entnehmen, ebensowenig einem einzigen Buch des Neuen Testaments, sondern einem aufmerksamen Hören auf die Heilige Schrift insgesamt. Der Gebrauch des Verbums »emporheben« stammt nämlich aus dem Alten Testament und ist auf die Einsetzung in die Königswürde bezogen. Die Himmelfahrt Christi bedeutet also an erster Stelle die Einsetzung des gekreuzigten und auferstandenen Menschensohnes in das Königtum Gottes über die Welt.

Es gibt allerdings einen tieferen, nicht unmittelbar wahrnehmbaren Sinn. In der Apostelgeschichte heißt es zunächst, dass Jesus »emporgehoben« wurde (V. 9), und unmittelbar folgend wird hinzugefügt, dass er »aufgenommen wurde« (V. 11). Das Ereignis ist nicht so beschrieben, als handle es sich um eine Reise in die Höhe, sondern als ein Wirken der Kraft Gottes, die Jesus in den Raum der göttlichen Nähe einführt. Die Gegenwart der Wolke, die »ihn ihren Blicken entzog« (V. 9), bezieht sich auf ein sehr altes Bild der alttestamentlichen Theologie und fügt den Bericht über die Himmelfahrt in die Geschichte Gottes mit Israel ein, von der Wolke des Sinai und über dem Bundeszelt in der Wüste bis hin zur leuchtenden Wolke auf dem Berg der Verklärung. Dadurch, dass der Herr in die Wolke gehüllt dargestellt wird,

wird schließlich auf dasselbe Geheimnis Bezug genommen, das auch im Symbol des »zur Rechten Gottes Sitzens« zum Ausdruck gebracht wird. Im zum Himmel aufgefahrenen Christus ist der Mensch in einer unerhörten und neuen Weise in die Vertrautheit mit Gott eingetreten, der Mensch findet nunmehr für immer Raum in Gott. Der »Himmel« verweist auf keinen Ort über den Sternen, sondern auf etwas viel Kühneres und Erhabeneres: Er verweist auf Christus selbst, die göttliche Person, die voll und für immer das Menschsein in sich aufnimmt, auf ihn, in dem Gott und Mensch für immer untrennbar vereint sind. Und wir nähern uns dem Himmel, ja wir treten in den Himmel in dem Maß ein, in dem wir uns Jesus nähern und in Gemeinschaft mit ihm treten. [...] Christi Himmelfahrt lädt uns daher zu einer tiefen Gemeinschaft mit dem gestorbenen und auferstandenen Jesus ein, der unsichtbar im Leben eines jeden von uns gegenwärtig ist.

Aus dieser Perspektive begreifen wir, warum der Evangelist Lukas sagt, dass die Jünger nach der Himmelfahrt »in großer Freude« nach Jerusalem zurückkehrten (24,52). Der Grund ihrer Freude besteht in der Tatsache, dass das, was sich ereignet hatte, in Wahrheit keine Trennung war: Im Gegenteil, sie hatten nunmehr die Gewissheit, dass der

Gekreuzigte und Auferstandene lebendig war und in ihm der Menschheit für immer die Türen zum ewigen Leben geöffnet worden sind. Mit anderen Worten brachte seine Himmelfahrt nicht seine vorübergehende Abwesenheit von der Welt mit sich, sondern leitete vielmehr die neue, endgültige und unzerstörbare Form seiner Gegenwart ein, dies aufgrund seiner Teilhabe an der königlichen Macht Gottes. Gerade ihnen, den Jüngern, ermutigt durch die Kraft des Heiligen Geistes, wird es zukommen, seine Gegenwart durch das Zeugnis, die Verkündigung und den missionarischen Einsatz wahrnehmbar zu machen. Das Hochfest der Himmelfahrt des Herrn sollte auch uns mit Freude und Begeisterung erfüllen, gerade wie es den Aposteln geschah, die vom Ölberg »in großer Freude« aufbrachen. Wie sie sollen auch wir die Einladung der »zwei Männer in weißen Gewändern« annehmen und nicht dastehen und zum Himmel emporschauen; unter der Leitung des Heiligen Geistes müssen wir vielmehr überall hingehen und die heilbringende Botschaft vom Tod und von der Auferstehung Christi verkünden. Es begleiten uns und gereichen uns zum Trost dessen eigene Worte, mit denen das Evangelium nach Matthäus schließt: »Seid gewiss: Ich bin bei euch alle Tage bis zum Ende der Welt« (*Mt* 28,20).

[D]er historische Charakter der Auferstehung und Himmelfahrt Christi hilft uns, das transzendente und eschatologische Sein der Kirche zu erkennen und zu begreifen; sie ist nicht entstanden und sie lebt nicht, um ein Ersatz für die Abwesenheit ihres »entschwundenen« Herrn zu sein, sondern sie findet vielmehr den Grund ihres Seins und ihrer Sendung in der unsichtbaren Gegenwart Jesu, der mit der Macht seines Geistes wirkt. Mit anderen Worten könnten wir sagen, dass die Kirche nicht die Aufgabe erfüllt, die Wiederkehr eines »abwesenden« Jesus vorzubereiten; sie lebt und wirkt dagegen vielmehr, um seine »glorreiche Gegenwart« auf eine geschichtliche und existenzielle Weise zu verkünden. Seit dem Tag der Himmelfahrt schreitet jede christliche Gemeinde auf ihrem irdischen Weg hin zur Erfüllung der messianischen Verheißungen, genährt vom Wort Gottes und gespeist vom Leib und Blut ihres Herrn. Das ist das Sein der Kirche – so erinnert das II. Vatikanische Konzil –, während sie »zwischen den Verfolgungen der Welt und den Tröstungen Gottes auf ihrem Pilgerweg [dahinschreitet] und [...] das Kreuz und den Tod des Herrn [verkündet], bis er wiederkommt« (*Lumen gentium*, 8).

[Christi Himmelfahrt] ermahnt uns dazu, unseren Glauben an die wirkliche Gegenwart Jesu zu stärken; ohne ihn vermögen wir nichts Wirksames in unserem Leben und in unserem Apostolat zu vollbringen. Er ist es, wie der Apostel Paulus [...] in Erinnerung ruft, der »den einen das Apostelamt [gab], andere setzte er als Propheten ein, andere als Evangelisten, andere als Hirten und Lehrer, um die Heiligen für die Erfüllung ihres Dienstes zu rüsten, für den Aufbau des Leibes Christi« (*Eph* 4,11-12), das heißt die Kirche. Und dies, um »zur Einheit im Glauben und in der Erkenntnis des Sohnes Gottes« (*Eph* 4,13) zu gelangen, da die gemeinsame Berufung aller darin besteht, »ein Leib und ein Geist zu sein, so wie uns durch die Berufung auch eine gemeinsame Hoffnung gegeben ist« (vgl. *Eph* 4,4).

Predigt, hl. Messe auf der Piazza Miranda in Cassino, 24. Mai 2009

er sitzt zur Rechten Gottes, des allmächtigen Vaters; von dort wird er kommen, zu richten die Lebenden und die Toten.

»So spricht der Herr zu meinem Herrn:
Setze dich mir zur Rechten,
und ich lege dir deine Feinde als Schemel
unter die Füße« [Psalm 110,1].

Gott selbst inthronisiert den König in Herrlichkeit, lässt ihn zu seiner Rechten sitzen, ein Zeichen größter Ehre und eines absoluten Privilegs. Auf diese Weise darf der König an der göttlichen Herrschaft teilhaben, deren Mittler beim Volk er ist. Diese Herrschaft des Königs wird auch im Sieg über die Gegner verdeutlicht; sie werden ihm von Gott selbst zu Füßen gelegt; der Sieg über die Feinde gehört dem Herrn, aber er lässt den König daran teilhaben, und sein Triumph wird zum Zeugnis und Zeichen der göttlichen Macht. Die königliche Verherrlichung, die hier am Anfang des Psalms zum Ausdruck gebracht wird, wurde vom Neuen Testament als messianische Prophetie aufgenommen; der Vers gehört daher zu denen, die von den neutestamentlichen Autoren am häufigsten verwendet werden, entweder als ausdrückliches Zitat oder als Anspielung. Jesus selbst hat diesen Vers im Zusammenhang mit dem Messias verwendet, um zu zeigen, dass der Messias mehr ist als David, dass er der Herr Davids ist (vgl. *Mt* 22,41-45; *Mk* 12,35-37; *Lk* 20,41-44). Und Petrus greift ihn in seiner Pfingstpredigt wieder auf und verkündet, dass die Inthronisierung des Königs in der Auferstehung Christi verwirklicht wird und Christus von nun an zur Rechten des Vaters sitzt, an der Herrschaft Gottes über die Welt teilhat (vgl. *Apg* 2,29-35). Denn Christus ist der erhöhte Herr, der Menschensohn, der zur Rechten Gottes sitzt und auf den Wolken des Himmels kommt, wie Jesus im Verhör vor dem Hohen Rat über sich selbst sagt (vgl. *Mt* 26,63-64; *Mk* 14,61-62; vgl. auch *Lk* 22,66-69). Er ist der wahre König, der durch die Auferstehung in die Herrlichkeit eingegangen ist und zur Rechten des Vaters sitzt (vgl. *Röm* 8,34; *Eph* 2,5; *Kol* 3,1; *Hebr* 8,1; 12,2), erhabener als die Engel, der im Himmel über allen Mächten sitzt und dem alle Feinde zu Füßen liegen, bis auch der letzte Feind, der Tod, endgültig entmachtet ist (vgl. *1 Kor* 15,24-26; *Eph* 1,20-23; *Hebr* 1,3-4.13; 2,5-8; 10,12-13; *1 Petr* 3,22).

Und man versteht sofort, dass dieser König, der zur Rechten Gottes sitzt und an seiner Herrschaft teilhat, keiner der menschlichen Nachfolger Davids ist, sondern allein der neue David, der Sohn Gottes, der den Tod überwunden und wirklich an der Herrlichkeit Gottes teilhat. Er ist unser König, der uns auch das ewige Leben schenkt. Zwischen dem König, der von unserem Psalm gepriesen wird, und Gott besteht also eine unlösliche Beziehung; beide regieren gemeinsam in einer einzigen Herrschaft [...].

Generalaudienz, Petersplatz, 16. November 2011

[W]enn er kommen wird, »zu richten die Lebenden und die Toten«, wie wir im Glaubensbekenntnis sagen. Auf dieses faszinierende Thema der »Erwartung« möchte ich [...] kurz eingehen, da es sich um einen zutiefst menschlichen Aspekt handelt, in dem der Glaube sozusagen eins wird mit unserem Leib und unserem Herzen.

Die Erwartung, das Warten ist eine Dimension, die durch unser ganzes persönliches, familiäres und soziales Dasein geht. Die Erwartung ist in tausend Situationen gegeben, von den kleinsten und banalsten bis zu den wichtigsten, die uns ganz und in der Tiefe einnehmen. Denken wir etwa an die Erwartung eines Kindes bei den Eheleuten; an jene eines Verwandten oder Freundes, der von weit her kommt, um uns zu besuchen; denken wir an das Warten eines Jugendlichen auf das Ergebnis einer entscheidenden Prüfung oder eines Vorstellungsgesprächs; an das Warten in den affektiven Beziehungen auf die Begegnung mit dem geliebten Menschen, bei der Antwort auf einen Brief oder auf die Annahme einer Vergebung ...

Man könnte sagen, dass der Mensch lebt, solange er etwas erwartet, solange in seinem Herzen die Hoffnung lebendig ist. Und an seinen Erwartungen erkennt man den Menschen: Unsere moralische und geistliche »Statur« kann nach dem bemessen werden, was wir erwarten, worauf wir hoffen.

[...] Und ich, was erwarte ich? Wonach strebt in diesem Moment meines Lebens mein Herz? Und dieselbe Frage kann auf der Ebene der Familie, der Gemeinschaft, der Nation gestellt werden. Welche gemeinsame Erwartung haben wir? Was vereint unsere Bestrebungen, was haben sie gemeinsam? In der Zeit, die der Geburt Jesu voranging, war in Israel die Erwartung des Messias sehr stark, das heißt eines Gesalbten, eines Nachkommens des Königs David, der das Volk endlich von jeglicher moralischer und politischer Knechtschaft befreien und das Reich Gottes errichten sollte. Doch niemand hätte sich je vorgestellt, dass der Messias von einem einfachen Mädchen geboren werden sollte, wie dies Maria war, die Verlobte Josefs, des Gerechten. Selbst sie hätte dies nie gedacht, und dennoch war in ihrem Herzen die Erwartung des Heilands so groß, waren ihr Glaube und ihre Hoffnung so glühend, dass er in ihr eine würdige Mutter finden konnte. Im Übrigen hatte Gott selbst sie vor aller Zeit vorbereitet. Es ist da eine geheimnisvolle Entsprechung zwischen der Erwartung Gottes und jener Mariens, des Geschöpfes, das »voll der Gnade« und ganz transparent für den Plan der Liebe des Höchsten ist.

Angelus, Petersplatz, 28. November 2010

Im großen *Credo* der Kirche schließt der Mittelteil, der das Geheimnis Christi von der ewigen Geburt aus dem Vater und von der zeitlichen Geburt aus Maria der Jungfrau über Kreuz und Auferstehung bis zu seiner Wiederkunft behandelt, mit den Worten: »Er wird wiederkommen in Herrlichkeit, zu richten die Lebenden und die Toten.« Der Ausblick auf das Gericht hat die Christenheit von frühesten Zeiten an als Maßstab des gegenwärtigen Lebens, als Forderung an ihr Gewissen und zugleich als Hoffnung auf Gottes Gerechtigkeit bis in das alltägliche Leben hinein bestimmt. Der Glaube an Christus hat nie nur nach rückwärts und nie nur nach oben, sondern immer auch nach vorn, auf die Stunde der Gerechtigkeit hingeblickt, die der Herr wiederholt angekündigt hatte. Dieser Blick nach vorn hat dem Christentum seine Gegenwartskraft gegeben. In der Gestaltung der christlichen Kirchenbauten, die die geschichtliche und kosmische Weite des Christus-Glaubens sichtbar machen wollten, wurde es üblich, an der Ostseite den königlich wiederkommenden Herrn – das Bild der Hoffnung – darzustellen, an der Westseite aber das Weltgericht als Bild der Verantwortung unseres Lebens, das die Gläubigen gerade auf ihrem Weg in den Alltag hinaus anblickte und begleitete. In der Entwicklung der Ikonografie des Gerichts ist dann freilich immer stärker das Drohende und Unheimliche des Gerichts hervorgetreten, das die Künstler offenbar mehr faszinierte als der Glanz der Hoffnung, die von der Drohung wohl oft allzu sehr verdeckt wurde. [...]

In der Neuzeit verblasst der Gedanke an das Letzte

Gericht: Der christliche Glaube wird individualisiert und ist vor allem auf das eigene Seelenheil ausgerichtet; die Betrachtung der Weltgeschichte wird statt dessen weitgehend vom Fortschrittsgedanken geprägt. Dennoch ist der tragende Gehalt der Gerichtserwartung nicht einfach verschwunden. Er nimmt nun freilich eine ganz andere Form an. [...]
Eine Welt, die sich selbst Gerechtigkeit schaffen muss, ist eine Welt ohne Hoffnung. Niemand und nichts antwortet auf das Leiden der Jahrhunderte. Niemand und nichts bürgt dafür, dass nicht weiter der Zynismus der Macht, unter welchen ideologischen Verbrämungen auch immer, die Welt beherrscht.

Enzyklika »Spe Salvi«, 30.November 2007

Vielleicht warten wir heute, auch wir Gläubigen, wirklich auf den Richter; wir alle warten jedoch auf Gerechtigkeit. Wir sehen so viel Ungerechtigkeit in der Welt, in unserer kleinen Welt, zu Hause, in unserem Stadtviertel, aber auch in der großen Welt der Staaten, der Gesellschaften. Und wir warten darauf, dass Gerechtigkeit geschaffen wird. Die Gerechtigkeit ist ein abstrakter Begriff: Gerechtigkeit wird hergestellt. Wir warten darauf, dass derjenige, der Gerechtigkeit herstellen kann, wirklich kommen möge. Und in diesem Sinne beten wir: Komm, Herr Jesus Christus, als Richter, komm auf deine Weise. Der Herr weiß, wie er in die Welt eintreten und Gerechtigkeit schaffen soll. Wir beten darum, dass der Herr, der Richter, uns antworten möge, dass er wirklich Gerechtigkeit in der Welt schaffen möge. Wir warten auf Gerechtigkeit, aber das kann nicht nur Ausdruck eines Anspruchs sein, den wir an die anderen stellen. Auf Gerechtigkeit zu warten bedeutet im christlichen Sinne vor allem, dass wir selbst beginnen, vor dem Angesicht des Richters und nach den Maßstäben des Richters zu leben. Es bedeutet, dass wir beginnen, in seiner Gegenwart zu leben, indem wir die Gerechtigkeit in unserem Leben verwirklichen. So nämlich – wenn wir die Gerechtigkeit verwirklichen und uns in die Gegenwart des Richters stellen – warten wir in der Wirklichkeit auf die Gerechtigkeit. [...]

Generalaudienz, Audienzhalle, 19. Dezember 2007

Ich glaube an den Heiligen Geist,

Wer oder was ist der Heilige Geist? Wie können wir ihn erkennen? Auf welche Weise gehen wir zu ihm und kommt er zu uns? Was wirkt er? [...] Er kommt uns entgegen durch die Schöpfung und ihre Schönheit. Die gute Schöpfung Gottes ist jedoch im Laufe der Menschheitsgeschichte von einer dicken Schmutzschicht bedeckt worden, die es unmöglich oder zumindest schwierig macht, in ihr den Abglanz des Schöpfers zu erkennen – auch wenn bei einem Sonnenuntergang am Meer, auf einer Bergwanderung oder vor einer blühenden Blume in uns immer wieder, fast wie von selbst, das Bewusstsein der Existenz des Schöpfers erwacht.
Aber der Schöpfergeist kommt uns zu Hilfe. Er ist in die Geschichte eingetreten und spricht so auf neue Weise zu uns. In Jesus Christus ist Gott Mensch geworden und hat uns sozusagen gestattet, einen Blick in das Innere Gottes zu werfen. Und dort sehen wir etwas völlig Unerwartetes: In Gott gibt es ein Ich und ein Du. Der geheimnisvolle Gott ist keine unendliche Einsamkeit; er ist ein Ereignis der Liebe. Wenn wir beim Anblick der Schöpfung glauben, den

Schöpfergeist, Gott selbst, erahnen zu können, beinahe als schöpferische Mathematik, als Macht, die die Gesetze der Welt und ihre Ordnung formt und dann wiederum auch als Schönheit – dann erfahren wir jetzt: Der Schöpfergeist hat ein Herz. Er ist die Liebe. Es gibt den Sohn, der mit dem Vater spricht. Und beide sind eins im Geist, der sozusagen die Atmosphäre des Schenkens und des Liebens ist, das aus ihnen einen einzigen Gott macht. Diese Einheit der Liebe, die Gott ist, ist eine viel erhabenere Einheit als es die Einheit eines kleinsten, nicht mehr teilbaren Teilchens sein könnte. Gerade der dreieinige Gott ist der einzige eine Gott.

Predigt, Pfingstvigil, Petersplatz, 3. Juni 2006

Das aufmerksame Hören auf das Wort Gottes in Bezug auf das Geheimnis und das Wirken des Heiligen Geistes macht uns offen für große und inspirierende Erkenntnisse, die ich in den folgenden Punkten zusammenfassen möchte.

Kurz vor seiner Himmelfahrt, hat Jesus zu seinen Jüngern gesagt: »Und ich werde die Gabe, die mein Vater verheißen hat, zu euch herabsenden« (*Lk*

24,49). Das wurde am Pfingsttag Wirklichkeit, als sie mit der Jungfrau Maria betend im Obergemach vereint waren. Die Ausgießung des Heiligen Geistes auf die entstehende Kirche war die Erfüllung einer sehr viel älteren Verheißung Gottes, die im ganzen Alten Testament angekündigt und vorbereitet worden war. Denn schon von den ersten Seiten an stellt die Bibel den Geist Gottes vor als einen *Hauch*, der »über dem Wasser schwebte« (vgl. *Gen* 1,2), und verdeutlicht, dass Gott den *Lebensatem* in die Nase des Menschen blies (vgl. *Gen* 2,7) und ihm so das Leben einhauchte. Nach der Erbsünde offenbart sich der Leben spendende Geist Gottes mehrmals in der Geschichte der Menschen und erweckt Propheten, um das auserwählte Volk aufzufordern, zu Gott zurückzukehren und seine Gebote treu zu halten. In der berühmten Vision des Propheten Ezechiel belebt Gott mit seinem Geist das Volk Israel wieder, das durch die »ausgetrockneten Gebeine« sinnbildlich dargestellt wird (vgl. 37,1-14). Joël prophezeit eine »Ausgießung des Geistes« über das ganze Volk, ohne Ausnahme. »Danach aber«, schreibt der biblische Autor, »wird es geschehen, dass ich meinen Geist ausgieße über alles Fleisch ... Auch über Knechte und Mägde werde ich meinen Geist ausgießen in jenen Tagen« (3,1-2). In der »Fülle der Zeit« (vgl. *Gal* 4,4) verkündet der

Engel des Herrn der Jungfrau von Nazaret, dass der Heilige Geist, »die Kraft des Höchsten«, auf sie herabkommen und sie überschatten wird. Der, den sie gebären wird, wird deshalb heilig und Sohn Gottes genannt werden (vgl. *Lk* 1,35). Nach den Worten des Propheten Jesaja wird der Messias derjenige sein, auf dem sich der Geist des Herrn niederlassen wird (vgl. 11,1-2; 42,1). Diese Prophezeiung greift Jesus am Beginn seines öffentlichen Wirkens in der Synagoge von Nazaret auf: »Der Geist des Herrn«, verkündete er den staunenden Anwesenden, »ruht auf mir; denn der Herr hat mich gesalbt. Er hat mich gesandt, damit ich den Armen eine gute Nachricht bringe; damit ich den Gefangenen die Entlassung verkünde und den Blinden das Augenlicht; damit ich die Zerschlagenen in Freiheit setze und ein Gnadenjahr des Herrn ausrufe« (*Lk* 4,18-19; vgl. *Jes* 61,1-2). An die Anwesenden gerichtet, wird er diese prophetischen Worte auf sich selbst beziehen, indem er bekräftigt: »Heute hat sich das Schriftwort, das ihr eben gehört habt, erfüllt« (*Lk* 4,21). Und vor seinem Tod am Kreuz wird er mehrmals seinen Jüngern das Kommen des Heiligen Geistes, des »Trösters«, ankündigen, dessen Mission es sein wird, Zeugnis von ihm zu geben und den Gläubigen beizustehen, indem er sie lehrt und in die ganze Wahrheit führt (vgl. *Joh* 14,16-17.25-26; 15,26; 16,13).

[...] Bei der Erscheinung Jesu vor seinen Jüngern am Abend des Auferstehungstages »hauchte er sie an und sprach zu ihnen: Empfangt den Heiligen Geist!« (*Joh* 20,22). Mit noch größerer Kraft kam der Heilige Geist am Pfingsttag auf die Apostel herab: »Da kam plötzlich vom Himmel her ein Brausen«, ist in der *Apostelgeschichte* zu lesen, »wie wenn ein heftiger Sturm daherfährt, und erfüllte das ganze Haus, in dem sie waren. Und es erschienen ihnen Zungen wie von Feuer, die sich verteilten; auf jeden von ihnen ließ sich eine nieder« (2,2-3).

Der Heilige Geist *erneuerte* die Apostel *in ihrem Inneren* und erfüllte sie mit einer Kraft, die ihnen Mut gab, *furchtlos zu verkünden*: »Christus ist gestorben und auferstanden!« Frei von jeglicher Furcht, begannen sie *freimütig* zu reden (vgl. *Apg* 2,29; 4,13; 4,29.31). Aus furchtsamen Fischern wurden sie zu mutigen Boten des Evangeliums. Sogar ihre Feinde vermochten nicht zu verstehen, wie »ungelehrte und einfache Leute« (vgl. *Apg* 4,13) in der Lage sein konnten, solchen Mut zu zeigen und Widerspruch, Leiden und Verfolgungen mit Freude zu ertragen. Nichts konnte sie aufhalten. Jenen, die sie zum Schweigen bringen wollten, antworteten sie: »Wir können unmöglich schweigen über das, was wir gesehen und gehört haben« (*Apg* 4,20). So ist die Kirche entstanden, die seit dem Pfingsttag nicht aufgehört hat, die Frohe Botschaft »bis an die Grenzen der Erde« (*Apg* 1,8) zu verbreiten.

[D]er Heilige Geist [ist] das höchste Geschenk Gottes an den Menschen [...], das heißt das höchste Zeugnis seiner Liebe zu uns, einer Liebe, die konkreten Ausdruck findet im »Ja zum Leben«, das Gott für jedes seiner Geschöpfe will. Dieses »Ja zum Leben« erreicht seine vollkommene Gestalt in Jesus von Nazaret und seinem Sieg über das Böse durch die Erlösung. Vergessen wir in diesem Zusammenhang nie, dass das Evangelium Jesu, gerade durch die Kraft des Heiligen Geistes, sich nicht auf eine reine Feststellung beschränkt, sondern zur »guten Nachricht für die Armen, zur Befreiung für die Gefangenen, zum Augenlicht für die Blinden ...« werden will. Das ist es, was sich voller Kraft am Pfingsttag offenbarte und zur Gnade und Aufgabe der Kirche gegenüber der Welt wurde, ihre hauptsächliche Mission.

Wir sind die Früchte dieser Mission der Kirche durch das Wirken des Heiligen Geistes. Wir tragen in uns jenes Siegel der Liebe des Vaters in Jesus Christus, das der Heilige Geist ist. Vergessen wir das nie, weil der Geist des Herrn sich immer an jeden von uns erinnert und vor allem durch Euch Jugendliche in der Welt den Wind und das Feuer eines neuen Pfingsten bewirken will.

[A]uch heute wirkt der Heilige Geist weiterhin kraftvoll in der Kirche und seine Früchte sind in dem Maße reich, in dem wir bereit sind, uns seiner erneuernden Kraft zu öffnen. Deshalb ist es wichtig, dass ihn jeder von uns kennt, mit ihm in Beziehung tritt und sich von ihm führen lässt. Aber an diesem Punkt stellt sich natürlich eine Frage: Wer ist der Heilige Geist für mich? Für nicht wenige Christen ist er tatsächlich weiterhin der »große Unbekannte«. [...] In unserem Glaubensbekenntnis beten wir: »Ich glaube an den Heiligen Geist, der Herr ist und lebendig macht, der aus dem Vater und dem Sohn hervorgeht« (*Glaubensbekenntnis von Nizäa-Konstantinopel*). Ja, der Heilige Geist, der Geist der Liebe des Vaters und des Sohnes, ist Quelle des Lebens, die uns heiligt, »denn die Liebe Gottes ist ausgegossen in unsere Herzen durch den Heiligen Geist, der uns gegeben ist« (*Röm* 5,5). Dennoch reicht es nicht, ihn nur zu kennen; er muss als Führer unserer Seelen angenommen werden, als »innerer Lehrmeister«, der uns in das Geheimnis der Trinität einführt, denn nur er kann uns für den Glauben offen machen und uns ermöglichen, ihn jeden Tag in Fülle zu leben. Er treibt uns an, den anderen zu begegnen, er entzündet in uns das Feuer der Liebe, er macht uns zu Missionaren der Liebe Gottes.

Ich weiß sehr wohl, was für eine große Wertschätzung und Liebe zu Jesus Ihr in Eurem Herzen tragt, wie sehr Ihr ihm begegnen und mit ihm sprechen wollt. Nun, bedenkt, dass es gerade die Gegenwart des Heiligen Geistes in uns ist, die unsere Person nach der Person des gekreuzigten und auferstandenen Jesus bildet, sie kräftigt und aufbaut. Werden wir also mit dem Heiligen Geist vertraut, um es mit Jesus zu sein.

Botschaft anlässlich des XXIII. Weltjugendtages, 20. Juli 2007

Tatsächlich findet das Paschageheimnis – Leiden, Tod und Auferstehung Christi sowie seine Himmelfahrt – seine Erfüllung in der mächtigen Ausgießung des Heiligen Geistes über die Apostel, die gemeinsam mit Maria, der Mutter des Herrn, und den anderen Jüngern versammelt sind. Es war dies die »Taufe« der Kirche, Taufe im Heiligen Geist (vgl. *Apg* 1,5). Wie die *Apostelgeschichte* berichtet, erfüllte am Morgen des Pfingsttages ein Brausen, wie wenn ein heftiger Wind daherfährt, den Abendmahlssaal, und auf jedem der Jünger ließen sich Zungen wie von Feuer nieder (vgl. *Apg* 2,2-3).

Der hl. Gregor der Große sagt in einem Kommentar: »Heute ist der Heilige Geist mit unvermitteltem Getöse über die Jünger herabgekommen und hat den Geist fleischlicher Wesen im Innern seiner Liebe verwandelt, und während draußen Feuerzungen erschienen, entbrannten die Herzen im Innern, da sie sanft aus Liebe glühten, als sie Gott in der Vision des Feuers aufnahmen« (*Hom. in Evang.* XXX, 1: *CCL* 141,256). Die Stimme Gottes vergöttlicht die menschliche Sprache der Apostel, die fähig werden, auf »polyphone« Weise das eine göttliche Wort zu verkünden. Der Hauch des Heiligen Geistes erfüllt das Universum, bringt den Glauben hervor, führt zur Wahrheit hin, bereitet die Einheit unter den Völkern vor. »Als sich das Getöse erhob, strömte die Menge zusammen und war ganz bestürzt; denn jeder hörte sie in seiner Sprache reden« von »Gottes großen Taten« (*Apg* 2,6.11).
Der sel. Antonio Rosmini erklärt: »Am Pfingsttag der Christen verkündete Gott [...] sein Gesetz der Liebe und schrieb es durch den Heiligen Geist nicht auf Tafeln aus Stein, sondern in das Herz der Apostel, und durch die Apostel teilte er es dann der ganzen Kirche mit« (*Catechismo disposto secondo l'ordine delle idee...* Nr. 737, Turin 1863). Der Heilige Geist, »der Herr ist und lebendig macht« – wie wir im *Cre-*

do beten –, ist mit dem Vater durch den Sohn vereint und vervollkommnet die Offenbarung der Allerheiligsten Dreifaltigkeit. Er kommt von Gott als Hauch aus seinem Mund und hat die Macht zu heiligen, die Spaltungen zu überwinden und die aus der Sünde entstandene Verwirrung aufzulösen. Er ist unkörperlich und immateriell und spendet die göttlichen Gaben, er erhält die Lebewesen, damit sie dem Guten gemäß handeln. Als geistiges Licht gibt er dem Gebet Sinn, stärkt die Sendung der Evangelisierung, lässt die Herzen derer erglühen, die die Frohe Botschaft hören, inspiriert die christliche Kunst und den liturgischen Gesang.

Regina Cœli, Hochfest Pfingsten, 12. Juni 2011

[Der] Heilige[n] Geist [...] verweist uns [...] auf Christus: Das Wort »Christus« (Messias) bedeutet »der Gesalbte«. Jesu Menschsein ist durch die Einheit des Sohnes mit dem Vater in die Gemeinschaft mit dem Heiligen Geist einbezogen und so in einzigartiger Weise »gesalbt«, vom Heiligen Geist durchdrungen. Was bei den Königen und Priestern des Alten Bundes zeichenhaft in der Salbung mit Öl geschehen

war, durch die sie in ihren Dienst eingesetzt wurden, das ist bei Jesus in ganzer Wirklichkeit der Fall: Sein Menschsein ist durchdrungen von der Kraft des Heiligen Geistes. Er öffnet unser Menschsein für die Gabe des Heiligen Geistes. Je mehr wir mit Christus eins sind, desto mehr werden wir von seinem Geist, dem Heiligen Geist erfüllt. Wir heißen Christen: Gesalbte – Menschen, die zu Christus gehören und daher an seiner Salbung teilhaben, von seinem Geist berührt sind. Christ möchte ich nicht nur heißen, sondern auch sein, hat der heilige Ignatius von Antiochien gesagt. Lassen wir uns gerade durch die heiligen Öle [...] an diesen inneren Auftrag des Wortes »Christ« erinnern und bitten wir den Herrn, dass wir immer mehr nicht nur Christen heißen, sondern es sind. [...]
Die Christen sind priesterliches Volk für die Welt. Die Christen sollten für die Welt den lebendigen Gott sichtbar machen, ihn bezeugen, zu ihm hinführen. Wenn wir von diesem unserem gemeinsamem Auftrag als Getaufte sprechen, dann ist es kein Grund, uns zu rühmen. Er ist eine zugleich freudige und beunruhigende Frage an uns: Sind wir wirklich Gottes Heiligtum in der Welt und für die Welt? Öffnen wir den Menschen den Zugang zu Gott oder verbergen wir ihn eher? Sind wir – das Volk Gottes – nicht

weithin zu einem Volk des Unglaubens und der Ferne von Gott geworden? Ist es nicht so, dass der Westen, die Kernlande der Christenheit, ihres Glaubens müde sind und, ihrer eigenen Geschichte und Kultur überdrüssig, den Glauben an Jesus Christus nicht mehr kennen wollen? Wir haben Grund, [...] zu Gott zu rufen: Lass uns nicht zu einem Nichtvolk werden! Lass uns dich neu erkennen! Du hast uns ja mit deiner Liebe gesalbt, deinen Heiligen Geist uns aufgelegt. Lass die Kraft deines Geistes neu in uns wirksam werden, dass wir mit Freude deine Botschaft bezeugen.

Predigt, Chrisam-Messe am Gründonnerstag, Petersdom, 21. April 2011

Am Pfingsttag kam der Heilige Geist mit Macht auf die Apostel herab, so begann die Sendung der Kirche in der Welt. Jesus selbst hatte die Elf auf diese Mission vorbereitet, als er ihnen nach seiner Auferstehung mehrmals erschien (vgl. *Apg* 1,3). Vor seiner Auffahrt in den Himmel gebot er ihnen, »nicht wegzugehen von Jerusalem, sondern auf die Verheißung des Vaters zu warten« (vgl. *Apg* 1,4-5);

er bat sie also, *zusammenzubleiben* und sich auf den Empfang der Gabe des Heiligen Geistes vorzubereiten. Und sie verharrten im Abendmahlssaal einmütig im Gebet, zusammen mit Maria, in Erwartung des verheißenen Ereignisses (vgl. *Apg* 1,14). Zusammenbleiben war die Bedingung, die Jesus für den Empfang der Gabe des Heiligen Geistes stellte; Voraussetzung für die Eintracht war ihr ständiges Gebet. Wir erkennen darin den Entwurf einer ausgezeichneten Lehre für jede christliche Gemeinschaft. Man denkt bisweilen, dass der missionarische Erfolg hauptsächlich von einer genauen Planung abhänge, auf die dann konkretes Bemühen um ihre intelligente Umsetzung folgen müsse. Sicher, der Herr verlangt unsere Mitarbeit, aber vor jeder Antwort unsererseits bedarf es seiner Initiative: Sein Geist ist der wahre Hauptakteur der Kirche. Die Wurzeln unseres Seins und unseres Handelns liegen im klugen, im weisen Schweigen Gottes. [...]

Predigt, hl. Messe am Hochfest Pfingsten,
Petersplatz, 4. Juni 2006

die heilige katholische Kirche,

Die Liturgie lässt uns [...] durch den Bericht des hl. Lukas im Buch der *Apostelgeschichte* (2,1-13) die Geburt der Kirche erleben. Fünfzig Tage nach Ostern kam der Heilige Geist auf die Gemeinschaft der Jünger herab – »Sie alle verharrten [...] einmütig im Gebet« –, die zusammen »mit Maria, der Mutter Jesu« und den zwölf Aposteln versammelt waren (vgl. *Apg* 1,14; 2,1). Wir können daher sagen, dass die Kirche in der Herabkunft des Heiligen Geistes ihren feierlichen Anfang hatte. In diesem außerordentlichen Ereignis finden wir die wesentlichen und charakteristischen Merkmale der Kirche: Die Kirche ist *eine*, wie die Pfingstgemeinde, die im Gebet versammelt und »einmütig« war: »Sie war ein Herz und eine Seele« (*Apg* 4,32). Die Kirche ist *heilig*, nicht wegen ihrer Verdienste, sondern weil sie, vom Heiligen Geist beseelt, ihren Blick fest auf Christus gerichtet hält, um Ihm und seiner Liebe gleich zu werden. Die Kirche ist *katholisch*, weil das Evangelium für alle Völker bestimmt ist; und aus diesem Grund lässt sie der Heilige Geist schon am Anfang alle Sprachen sprechen. Die Kirche ist *apostolisch*, weil sie auf dem Fundament der Apostel errichtet ist und deren Lehren durch die ununterbrochene Kette der bischöflichen Sukzession treu bewahrt. Darüber hinaus ist die Kirche ihrem Wesen nach *missionarisch*, und seit dem Pfingsttag hört der Heilige Geist nicht auf, sie auf die Wege der Welt zu drängen, bis hin zu den äußersten Grenzen der Erde und bis zum Ende der Zeiten. Diese Wirklichkeit, die wir in jedem Zeitalter ausmachen können, ist sozusagen schon im Buch der *Apostelgeschichte* vorweggenommen, wo die Überlieferung des Evangeliums von den Juden zu den Heiden, von Jerusalem nach Rom, beschrieben ist. Rom steht für die Welt der Heiden und so für alle Völker, die nicht zum alten Volk Gottes gehören. In der Tat schließt die *Apostelgeschichte* mit der Ankunft des Evangeliums in Rom. Man kann also sagen, dass Rom der konkrete Name der Katholizität und der Wirklichkeit der Mission ist; Rom bezeichnet die Treue zu den Ursprüngen, zur Kirche aller Zeiten, zu einer Kirche, die alle Sprachen spricht und allen Kulturen entgegengeht.

Regina Cœli, Pfingstsonntag, Petersplatz, 16. Mai 2007

Das neue Volk Gottes, die Kirche, ist ein Volk, das aus allen Völkern kommt. Die Kirche ist von Anfang an katholisch; das ist ihr tiefstes Wesen. Der hl. Paulus erklärt und unterstreicht das [...], als er sagt: »Durch den einen Geist wurden wir in der Taufe alle in einen einzigen Leib aufgenommen, Juden und Griechen, Sklaven und Freie; und alle wurden wir mit dem einen Geist getränkt« (1 *Kor* 12,13). Die Kirche muss immer wieder neu zu dem werden, was sie schon ist: Sie muss die Grenzen zwischen den Völkern öffnen und die Barrieren zwischen Klassen und Rassen niederreißen. In ihr darf es keinen geben, der vergessen oder verachtet wird. In der Kirche gibt es nur freie Brüder und Schwestern Jesu Christi. Wind und Feuer des Heiligen Geistes müssen unaufhörlich jene Grenzen öffnen, die wir immer wieder zwischen uns aufrichten; wir müssen immer wieder von Babel, vom Verschlossensein in uns selbst, zu Pfingsten übergehen. Deshalb müssen wir ständig dafür beten, dass der Heilige Geist uns offen mache, uns die Gnade des gegenseitigen Verstehens schenke, um zum Volk Gottes zu werden, das aus allen Völkern kommt – ja, der hl. Paulus sagt uns noch mehr: Wir müssen in Christus, der als einziges Brot uns alle in der Eucharistie speist und uns in seinem am Kreuz durchbohrten Leib an sich zieht, zu einem Leib und einem Geist werden.

Predigt, hl. Messe am Hochfest Pfingsten, Petersdom, 15. Mai 2005

[D]ie Kirche hat teil am Geheimnis der göttlichen Mutterschaft mittels der Verkündigung, die in der ganzen Welt den Samen des Evangeliums aussät, und mittels der Sakramente, die den Menschen die Gnade und das göttliche Leben schenken. Insbesondere im Sakrament der Taufe lebt die Kirche diese Mutterschaft, wenn sie Kinder Gottes hervorbringt aus dem Wasser und dem Heiligen Geist, der in jedem von ihnen »Abba! Vater!« (Gal 4,6) ruft. Wie Maria ist die Kirche Mittlerin des Segens Gottes für die Welt: Sie empfängt den Segen, da sie Jesus aufnimmt, und sie teilt ihn mit, indem sie Jesus bringt. Jesus ist die Barmherzigkeit und der Friede, den sich die Welt aus sich heraus nicht geben kann und den sie immer und viel mehr als das tägliche Brot braucht.

Predigt, hl. Messe am Hochfest der Gottesmutter Maria,
Petersdom, 1. Januar 2012

»*Societas Spiritus*«, Gesellschaft des Geistes: so nennt der hl. Augustinus die Kirche in einer seiner Predigten (71,19,32: *PL* 38,462). Bereits vor ihm jedoch hatte der hl. Irenäus eine Wahrheit formuliert, die ich hier gerne in Erinnerung rufe: »Wo die Kirche ist, dort ist der Geist Gottes, und wo der Geist Gottes ist, dort ist die Kirche und alle Gnade, der Geist aber ist Wahrheit; vor der Kirche zu fliehen heißt, den Geist abzulehnen« und sich so »vom Leben auszuschließen« (*Adv. Haer.* III, 24,1). Seit dem Pfingstereignis offenbart sich in Fülle dieser Bund zwischen dem Geist Christi und seinem mystischen Leib, der Kirche. Ich möchte mich auf einen besonderen Aspekt des Wirkens des Heiligen Geistes konzentrieren, nämlich auf die Verflochtenheit von Vielheit und Einheit. [...] Im Pfingstereignis wird deutlich, dass zur Kirche viele Sprachen und unterschiedliche Kulturen gehören; im Glauben können sie sich gegenseitig verstehen und befruchten. Der hl. Lukas will nachdrücklich eine grundlegende Idee vermitteln: Bereits im Akt ihrer Entstehung selbst ist die Kirche »katholisch«, universal. Sie spricht von Anfang an alle Sprachen, da das ihr anvertraute Evangelium für alle Völker bestimmt ist, entsprechend dem Willen und dem Auftrag Christi (vgl. *Mt* 28,19). Die Kirche, die an Pfingsten entsteht, ist nicht an erster Stelle eine besondere Gemeinschaft – die Kirche von Jerusalem –, sondern die universale Kirche, die die Sprachen aller Völker spricht. Aus ihr heraus werden dann die anderen Gemeinschaften überall auf der Welt entstehen, Ortskirchen, die alle und immer Verwirklichung der einen und einzigen Kirche Christi sind. Die katholische Kirche ist somit kein Zusammenschluss von Kirchen, sondern eine einzige Wirklichkeit: Die ontologische Priorität obliegt der universalen Kirche. Eine Gemeinschaft, die nicht in diesem Sinne katholisch wäre, wäre auch nicht Kirche.

Predigt, hl. Messe am Hochfest Pfingsten, Petersdom, 11. Mai 2008

Der Pfingstbericht im Buch der *Apostelgeschichte* [...] stellt den »neuen Lauf« des Werkes Gottes vor, der mit der Auferstehung Christi seinen Anfang genommen hat, eines Werkes, das den Menschen, die Geschichte und den Kosmos umfasst. Vom Sohn Gottes ausgehend, der gestorben, auferstanden und zum Vater heimgegangen ist, weht nun mit beispielloser Kraft der göttliche Hauch, der Heilige Geist. Und was bewirkt diese neue und machtvolle Selbstmitteilung

Gottes? Dort, wo Zerrissenheit und Fremdheit sind, schafft sie Einheit und Verständnis. Es wird ein Prozess der Wiedervereinigung unter den getrennten und verstreuten Gliedern der Menschheitsfamilie ausgelöst; die oft auf Einzelpersonen reduzierten Menschen, die miteinander im Wettstreit oder in Auseinandersetzung stehen, öffnen sich, wenn sie der Geist Christi erreicht, der Erfahrung der Gemeinschaft, die sie bis zu dem Punkt zu erfassen vermag, dass aus ihnen ein neuer Organismus, ein neues Subjekt entsteht: die Kirche. Das ist die Wirkung des Werkes Gottes: die Einheit; deshalb ist die Einheit das Erkennungszeichen, die »Visitenkarte« der Kirche im Lauf ihrer universalen Geschichte. Von Anfang an, seit dem Pfingsttag, spricht sie alle Sprachen. Die universale Kirche geht den Teilkirchen voraus, und diese müssen sich immer einem Kriterium der Einheit und Universalität entsprechend an jene angleichen. Die Kirche bleibt nie innerhalb politischer, rassischer und kultureller Grenzen gefangen; sie kann weder mit den Staaten noch mit Zusammenschlüssen von Staaten verwechselt werden, da ihre Einheit von anderer Art ist und darauf abzielt, alle menschlichen Grenzen zu überwinden.

Daraus [...] ergibt sich ein praktisches Unterscheidungskriterium für das christliche Leben: Wenn sich eine Person oder eine Gemeinschaft in ihre eigene Weise zu denken und zu handeln verschließt, so ist dies ein Zeichen, dass sie sich vom Heiligen Geist entfernt hat. Der Weg der Christen und der Teilkirchen muss sich immer am Weg der einen und katholischen Kirche messen und mit ihm in Einklang setzen. Das bedeutet nicht, dass die vom Heiligen Geist geschaffene Einheit eine Art Egalitarismus wäre. Dies ist im Gegenteil das Modell von Babel, das heißt die Auferlegung einer Kultur der Einheit, die wir als »technisch« definieren könnten. Die Bibel nämlich sagt uns (vgl. *Gen* 11,1-9), dass in Babel alle dieselbe Sprache hatten. An Pfingsten indes sprechen die Apostel verschiedene Sprachen, damit ein jeder die Botschaft in seiner Muttersprache verstehe. Die Einheit des Geistes tritt in der Pluralität des Verstehens zutage. Die Kirche ist ihrem Wesen nach eine und mannigfaltig und dazu bestimmt, unter allen Nationen, Völkern und in den unterschiedlichsten sozialen Kontexten zu leben. Sie entspricht nur dann ihrer Berufung, Zeichen und Werkzeug für die Einheit der ganzen Menschheit zu sein (vgl. *Lumen gentium*, 1), wenn sie unabhängig von jedem Staat und von jeder Sonderkultur bleibt. Immer und überall muss die Kirche wahrhaft katholisch und universal sein, das Haus aller, in dem jeder sich einfinden kann.

Der Bericht der *Apostelgeschichte* bietet uns noch einen weiteren, sehr konkreten Anhaltspunkt. Die Universalität der Kirche kommt entsprechend der antiken Tradition in der Aufzählung der Völker zum Ausdruck: »Wir sind Parther, Meder und Elamiter ...« usw. Hier kann man feststellen, dass der hl. Lukas über die Zahl 12 hinausgeht, die immer bereits eine Universalität zum Ausdruck bringt. Er blickt über die Horizonte Asiens und Nord-West-Afrikas hinaus und fügt weitere drei Elemente hinzu: die »Römer«, das heißt die westliche Welt; die »Juden und Proselyten«, wobei er die Einheit zwischen Israel und der Welt auf eine neue Weise begreift; und schließlich die »Kreter und Araber«, die den Westen und den Osten, die Inseln und das Festland repräsentieren. Diese Öffnung der Horizonte bestätigt weiter die Neuheit Christi in der Dimension des menschlichen Raumes, in der Geschichte der Völker: Der Heilige Geist ergreift Menschen und Völker und überwindet durch sie Mauern und Barrieren.

Predigt, hl. Messe am Hochfest Pfingsten, Petersdom, 23. Mai 2010

[Jesus] fragte [die Jünger]: »Für wen halten die Leute den Menschensohn?« Sie antworteten, dass ihn einige aus dem Volk für den wieder lebendig gewordenen Johannes den Täufer, andere für Elija, Jeremia oder sonst einen Propheten hielten. Dann fragte der Herr die Zwölf direkt: »Ihr aber, für wen haltet ihr mich?« Im Namen aller war es Petrus, der energisch und entschlossen das Wort ergriff: [...] »Du bist der Messias, der Sohn des lebendigen Gottes!« Auf dieses vom Geist erfüllte Glaubensbekenntnis des Petrus antwortet Jesus: »Du bist Petrus, und auf diesen Felsen werde ich meine Kirche bauen, und die Mächte der Unterwelt werden sie nicht überwältigen. Ich werde dir die Schlüssel des Himmelreichs geben.« Dies ist das erste Mal, dass Jesus von der Kirche spricht, deren Sendung in der Verwirklichung des großartigen Planes Gottes besteht, in Christus die ganze Menschheit zu einer einzigen Familie zu versammeln. Die Sendung des Petrus und seiner Nachfolger besteht gerade im Dienst an dieser Einheit der einen Kirche Gottes, die aus Juden und Heiden gebildet ist; sein unverzichtbarer Dienst besteht darin, es Wirklichkeit werden zu lassen, dass sich mit ihr nie nur eine einzige Nation, eine einzige Kultur identifiziert, sondern dass sie die Kirche aller Völker ist, um unter den Menschen, die von zahllosen Spaltungen und Gegensätzen gezeichnet sind, den Frieden Gottes, die Einheit all derer gegenwärtig zu machen, die in Christus zu Brüdern und Schwestern geworden sind: Darin also besteht die besondere Sendung des Papstes, des Bischofs von Rom und Nachfolgers Petri.

Angelus, Castel Gandolfo, 24. August 2008

Gemeinschaft der Heiligen,

Die Heiligen offenbaren auf verschiedene Weise die machtvolle und verwandelnde Gegenwart des Auferstandenen; sie haben Christus ihr Leben so vollkommen übereignet, dass sie mit dem hl. Paulus sagen können: »Nicht mehr ich lebe, sondern Christus lebt in mir« (*Gal* 2,20). Wenn wir ihrem Vorbild folgen, um ihre Fürsprache bitten, ihre Gemeinschaft suchen, dann verbindet uns das »mit Christus, von dem als Quelle und Haupt jegliche Gnade und das Leben des Gottesvolkes selbst ausgehen« (Zweites Vatikanisches Konzil, Dogmatische Konstitution *Lumen gentium*, 50). [Ich] möchte [...] nun einige Betrachtungen darüber anstellen, was Heiligkeit ist.

Was bedeutet es, heilig zu sein? Wer ist zur Heiligkeit berufen? Oft ist man noch geneigt zu glauben, dass die Heiligkeit ein Ziel ist, das wenigen Auserwählten vorbehalten ist. Der hl. Paulus dagegen spricht vom großen Plan Gottes und sagt: »Denn in ihm [Christus] hat er uns erwählt vor der Erschaffung der Welt, damit wir heilig und untadelig leben vor Gott« (*Eph* 1,4). Und er meint uns alle. Im Mittelpunkt des göttlichen Plans steht Christus, in dem Gott sein Antlitz zeigt: Das seit ewigen Zeiten verborgene Geheimnis wurde im fleischgewordenen Wort in Fülle offenbar. Und dann sagt Paulus: »Denn Gott wollte mit seiner ganzen Fülle in ihm wohnen« (*Kol* 1,19). In Christus ist der lebendige Gott zu uns gekommen, ist er sichtbar, hörbar, spürbar geworden, damit wir alle aus seiner Fülle Gnade und Wahrheit empfangen können (vgl. *Joh* 1,14-16). Die ganze christliche Existenz kennt daher nur ein einziges höchstes Gesetz, das der hl. Paulus in einer Formel zum Ausdruck bringt, die sich in allen seinen Schriften findet: in Christus Jesus. Die Heiligkeit, die Fülle des christlichen Lebens besteht nicht darin, außerordentliche Taten zu tun, sondern darin, mit Christus vereint zu sein, seine Geheimnisse zu leben, uns seine Einstellungen, seine Gedanken, sein Verhalten zu eigen zu machen. Das Maß der Heiligkeit ist durch das Format gegeben, das Christus in uns erlangt, dadurch, wie sehr wir in der Kraft des Heiligen Geistes unser ganzes Leben nach seinem Leben formen. Das ist die Gleichgestaltung mit Christus, wie der hl. Paulus sagt: »Alle, die er im voraus erkannt hat, hat er auch im voraus dazu bestimmt, an Wesen und Gestalt seines Sohnes teilzuhaben« (*Röm* 8,29). Und der hl. Augustinus ruft aus: »Mein Leben, ganz von dir erfüllt, wird erst dann wahres Leben sein« (*Bekenntnisse*, 10,28). In der Konstitution über die Kirche spricht das Zweite Vatikanische Konzil deutlich über den universalen Ruf zur Heiligkeit und sagt, dass niemand davon ausgenommen ist: »In den verschiedenen Verhältnissen und Aufgaben des Lebens wird die eine Heiligkeit von allen entfaltet, die sich vom Geist Gottes leiten lassen und ... dem armen, demütigen, das Kreuz tragenden Christus folgen und so der Teilnahme an seiner Herrlichkeit würdig werden« (Nr. 41).

Aber es bleibt die Frage: Wie können wir den Weg der Heiligkeit beschreiten, auf diesen Ruf antworten? Kann ich das aus eigener Kraft? Die Antwort ist klar: Ein heiliges Leben ist nicht in erster Linie Frucht unserer Anstrengungen, unseres Handelns, denn es ist Gott – der dreimal heilige Gott (vgl. *Jes* 6,3) –, der uns heilig macht, es ist das Wirken des Heiligen Geistes, der uns von innen her beseelt, es ist das Leben des auferstandenen Christus, das uns mitgeteilt wird und uns verwandelt. Um es noch einmal mit den Worten des Zweiten Vatikanischen Konzils zu sagen: »Die Anhänger Christi sind von Gott nicht kraft ihrer Werke, sondern aufgrund seines gnädigen Ratschlusses berufen und in Jesus dem Herrn gerechtfertigt, in der Taufe des Glaubens wahrhaft Kinder Gottes und der göttlichen Natur teilhaftig und so wirklich heilig geworden. Sie müssen daher die Heiligung, die sie empfangen haben, mit Gottes Gnade im Leben bewahren und zur vollen Entfaltung bringen« (*ebd.*, 40). Die Heiligkeit wurzelt also letztlich in der Taufgnade, im Eingepfropftsein in das Ostergeheimnis Christi, wodurch uns sein Geist, sein Leben als der Auferstandene mitgeteilt wird. Der hl. Paulus hebt die Verwandlung, die die Taufgnade im Menschen wirkt, sehr stark hervor, und er prägt schließlich eine neue Terminologie, die mit der Präposition »mit« gebildet wird: mit Christus »mit-gestorben«, »mit-begraben«, »mit-auferstanden«, »mit-belebt«; unser Schicksal ist unlöslich mit dem seinen verbunden. Er schreibt: »Wir wurden mit ihm begraben durch die Taufe auf den Tod; und wie Christus durch die Herrlichkeit des Vaters von den Toten auferweckt wurde, so sollen auch wir als neue Menschen leben« (*Röm* 6,4).

Aber Gott achtet stets unsere Freiheit und bittet darum, dass wir dieses Geschenk annehmen und die Anforderungen leben, die es mit sich bringt. Er bittet darum, dass wir uns durch das Wirken des Heiligen Geistes verwandeln lassen und unseren Willen dem Willen Gottes gleich gestalten. Wie kann es geschehen, dass unser Denken und unser Handeln zum Denken und Handeln mit Christus, zum Denken und Handeln Christi werden? Was ist die Seele der Heiligkeit? Das erläutert wiederum das Zweite Vatikanische Konzil; es sagt uns, dass die christliche Heiligkeit nichts anderes als die in Fülle gelebte Liebe ist. »Gott ist die Liebe, und wer in der Liebe bleibt, der bleibt in Gott und Gott in ihm (*1 Joh* 4,16). Gott aber gießt seine Liebe in unseren Herzen aus durch den Heiligen Geist, der uns gegeben ist (vgl. *Röm* 5,5). Daher ist die erste und notwendigste Gabe die Liebe, durch die wir Gott über alles und den Nächsten um Gottes willen lieben.

Damit aber die Liebe wie ein guter Same in der Seele wachse und Frucht bringe, muss jeder Gläubige das Wort Gottes bereitwillig hören und seinen Willen mithilfe seiner Gnade in der Tat erfüllen, an den Sakramenten, vor allem der Eucharistie, und an den gottesdienstlichen Handlungen häufig teilnehmen und sich standhaft dem Gebet, der Selbstverleugnung, dem tatkräftigen Bruderdienst und der Übung aller Tugenden widmen. Denn die Liebe als Band der Vollkommenheit und Fülle des Gesetzes (vgl. *Kol* 3,14; *Röm* 13,10) leitet und beseelt alle Mittel der Heiligung und führt sie zum Ziel« (*Lumen gentium*, 42). Vielleicht ist diese Sprache des Zweiten Vatikanischen Konzils für uns noch ein wenig zu feierlich, vielleicht müssen wir es auf noch einfachere Weise sagen. Was ist wesentlich? Wesentlich ist, keinen Sonntag ohne eine Begegnung mit dem auferstandenen Christus in der Eucharistie vergehen zu lassen, denn das ist keine zusätzliche Last, sondern ein Licht für die ganze Woche; keinen Tag, ohne wenigstens ein kurzes Beisammensein mit Gott zu beginnen und zu beenden; und auf der Straße unseres Lebens den »Wegweisern« zu folgen, die Gott uns in den mit Christus gelesenen Zehn Geboten gegeben hat. Sie sind ganz einfach die Erläuterung dessen, was Liebe in bestimmten Situationen bedeutet. Das erscheint mir als die wahre Einfachheit und Größe des Lebens in Heiligkeit: am Sonntag dem Auferstanden zu begegnen; mit Gott am Anfang und am Ende des Tages beisammen zu sein; in den Entscheidungen den »Wegweisern« zu folgen, die Gott uns gegeben hat und die nichts anderes sind als Formen der Liebe. »Daher ist die Liebe zu Gott wie zum Nächsten das Siegel des wahren Jüngers Christi« (*ebd.*). Das ist die wahre Einfachheit, Größe und Tiefe des christlichen Lebens, des Heiligseins.

Daher kann der hl. Augustinus in seinem Kommentar zum vierten Kapitel des *Ersten Briefes des Johannes* etwas Mutiges sagen: »Dilige et fac quod vis«, »Liebe und tue, was du willst«. Und er fährt fort:

»Wenn du schweigst, so schweige aus Liebe; wenn du redest, so rede aus Liebe; wenn du zurechtweist, so weise aus Liebe zurecht; wenn du vergibst, so vergib aus Liebe; in dir sei die Wurzel der Liebe, denn aus dieser Wurzel kann nur Gutes hervorgehen« (7,8: *PL* 35).

Wer von der Liebe geleitet ist, wer die Liebe in Fülle lebt, ist von Gott geleitet, denn Gott ist Liebe. So gilt dieses große Wort: »Dilige et fac quod vis«, »Liebe und tue, was du willst«. Wir könnten uns vielleicht fragen: Können wir mit unseren Grenzen, mit unserer Schwachheit so hoch hinauswollen? Die Kirche lädt uns ein, im Laufe des liturgischen Jahres einer Schar von Heiligen zu gedenken – also derer, die die Liebe in Fülle gelebt haben, die es verstanden haben, Christus in ihrem täglichen Leben zu lieben und nachzufolgen. Sie sagen uns, dass alle diesen Weg beschreiten können. In jeder Epoche der Kirchengeschichte, in jedem Breitengrad der Welt gibt es Heilige jeden Alters und jeden Lebensstands. Es sind konkrete Gesichter aller Völker, Sprachen und Nationen. Und es sind ganz unterschiedliche Charaktere. Ich muss sagen, dass auch für meinen persönlichen Glauben viele Heilige – nicht alle – wahre Sterne am Himmel der Geschichte sind. Und ich möchte hinzufügen, dass für mich nicht nur einige große Heilige, die ich liebe und die ich gut kenne, »Wegweiser« sind, sondern gerade auch die einfachen Heiligen, also die guten Menschen, denen ich in meinem Leben begegne und die wohl nie heiliggesprochen werden. Es sind sozusagen gewöhnliche Menschen, ohne sichtbaren Heroismus, aber in ihrer täglichen Güte sehe ich die Wahrheit des Glaubens. Diese Güte, die im Glauben der Kirche in ihnen herangereift ist, ist für mich die sicherste Apologie des Christentums und das Zeichen dafür, wo die Wahrheit liegt. In der Gemeinschaft der Heiligen, seien sie zur Ehre der Altäre erhoben oder nicht, die die Kirche durch Christus in all ihren Gliedern lebt, erfreuen wir uns an ihrer Gegenwart und an ihrer Gesellschaft und hegen die unumstößliche Hoffnung, ihren Weg nachahmen zu können und eines Tages an ihrem glückseligen Leben, dem ewigen Leben, teilzuhaben.

[W]ie groß und schön und auch einfach ist die christliche Berufung in diesem Licht betrachtet! Wir alle sind zur Heiligkeit berufen: Sie ist das Maß des christlichen Lebens. Der hl. Paulus bringt es noch einmal mit großer Tiefe zum Ausdruck, wenn er schreibt: »Jeder von uns empfing die Gnade in dem Maß, wie Christus sie ihm geschenkt hat ... Und er gab den einen das Apostelamt, andere setzte er als

Propheten ein, andere als Evangelisten, andere als Hirten und Lehrer, um die Heiligen für die Erfüllung ihres Dienstes zu rüsten, für den Aufbau des Leibes Christi. So sollen wir alle zur Einheit im Glauben und in der Erkenntnis des Sohnes Gottes gelangen, damit wir zum vollkommenen Menschen werden und Christus in seiner vollendeten Gestalt darstellen« (*Eph* 4,7.11-13). Ich möchte alle einladen, sich gegenüber dem Wirken des Heiligen Geistes zu öffnen, der unser Leben verwandelt, damit auch wir gleichsam Steine in dem großen Mosaik der Heiligkeit sind, das Gott in der Geschichte erschafft, damit das Antlitz Christi in vollem Glanz erstrahle. Wir dürfen keine Angst haben, hoch hinauszuwollen, in Gottes Höhe; wir dürfen keine Angst haben, dass Gott zu viel von uns verlangt, sondern wir müssen uns in unserem täglichen Handeln von seinem Wort leiten lassen, auch wenn wir spüren, dass wir uns als arme, unzulängliche Sünder fühlen: Er wird uns verwandeln, gemäß seiner Liebe.

Generalaudienz, Petersplatz, 13. April 2011

Die Liturgie ruft uns [...] in Erinnerung, dass die Heiligkeit die ursprüngliche Berufung jedes Getauften ist (vgl. *Lumen gentium* 40). Tatsächlich hat Christus, der mit dem Vater und dem Heiligen Geist allein heilig ist (vgl. *Offb* 15,4), die Kirche als seine Braut geliebt und sich selbst für sie hingegeben, um sie zu heiligen (vgl. *Eph* 5,25-26). Aus diesem Grund sind alle Glieder des Gottesvolkes dazu gerufen, heilig zu werden, dem Wort des hl. Paulus entsprechend: »Das ist es, was Gott will: eure Heiligung« (*1 Thess* 4,3). Wir sind also aufgefordert, die Kirche nicht nur unter ihrem zeitlichen und menschlichen Aspekt zu betrachten, der von Schwäche gezeichnet ist, sondern wie Christus sie gewollt hat, das heißt als »Gemeinschaft der Heiligen« (*Katechismus der Katholischen Kirche*, 946). Im *Credo* bekennen wir die Kirche als »heilig«, heilig, insofern sie der Leib Christi ist sowie Werkzeug der Teilhabe an den heiligen Geheimnissen – an erster Stelle der Eucharistie – und Familie der Heiligen, deren Obhut wir am Tag der Taufe empfohlen werden. Heute verehren wir diese zahllose Gemeinschaft aller Heiligen, die uns durch ihre unterschiedlichen Lebenswege verschiedene Wege zur Heiligkeit aufzeigen, die alle einen gemeinsamen Nenner haben: Christus nachfolgen und ihm, dem letzten Ziel unseres menschlichen

Daseins, ähnlich werden. Alle Lebensstände können in der Tat durch das Wirken der Gnade sowie durch den Einsatz und die Beharrlichkeit eines jeden Wege der Heiligung werden.

Angelus, Hochfest Allerheiligen, Petersplatz, 1. November 2011

In der Anfangszeit des Christentums wurden die Glieder der Kirche auch »die Heiligen« genannt. Im ersten Brief an die Korinther zum Beispiel wendet sich der hl. Paulus »an die Geheiligten in Christus Jesus, berufen als Heilige mit allen, die den Namen Jesu Christi, unseres Herrn, überall anrufen, bei ihnen und bei uns« (1 *Kor* 1,2). Der Christ ist nämlich schon heilig, da die Taufe ihn mit Jesus und seinem österlichen Geheimnis vereint, gleichzeitig aber muss er es werden, indem er sich ihm immer inniger anschließt. Manchmal meint man, dass die Heiligkeit ein privilegierter Zustand sei, der wenigen Auserwählten vorbehalten wäre. Heilig zu werden ist in Wirklichkeit Aufgabe eines jeden Christen, mehr noch, wir könnten sagen: eines jeden Menschen! Der Apostel schreibt, dass Gott uns von jeher gesegnet und uns in Christus erwählt hat, »damit wir heilig und untadelig leben vor Gott« (*Eph* 1,3-4). Alle Menschen sind somit zur Heiligkeit berufen, die letztendlich in einem Leben als Kinder Gottes besteht, in jener »Ebenbildlichkeit« mit ihm, nach der sie geschaffen worden sind. Alle Menschen *sind* Kinder Gottes, und alle *müssen werden*, was sie sind, durch den anspruchsvollen Weg der Freiheit. Gott lädt alle ein, Teil seines heiligen Volkes zu sein. Der »Weg« ist Christus, der Sohn, der Heilige Gottes: Niemand kommt zum Vater außer durch ihn (vgl. *Joh* 14,6).

Angelus, Hochfest Allerheiligen, Petersplatz, 1. November 2007

Vergebung der Sünden,

Das Bußsakrament ist einer der kostbaren Schätze der Kirche, weil sich nur in der Vergebung die wahre Erneuerung der Welt vollzieht. Nichts kann in der Welt besser werden, wenn nicht das Böse überwunden wird. Und das Böse kann nur durch die Vergebung überwunden werden. Es muss natürlich eine wirksame Vergebung sein. Aber diese Vergebung kann uns allein der Herr gewähren. Eine Vergebung, die das Böse nicht nur mit schönen Worten aus dem Weg räumt, sondern es wirklich zerstört. Das aber kann nur durch das Leiden geschehen, und es ist tatsächlich geschehen durch die leidende Liebe Christi, aus der wir die Vollmacht zur Vergebung schöpfen.

Predigt, hl. Messe am Hochfest Pfingsten, 15. Mai 2005

[E]rneuern wir das Wissen um die Verantwortung, die mit diesem Geschenk verbunden ist: Verantwortung der Kirche, die ihrem Wesen nach Zeichen und

Werkzeug des Friedens Gottes für alle Völker ist. [...] Die Kirche verwirklicht ihren Dienst für den Frieden Christi vor allem im alltäglichen Gegenwärtigsein und Wirken unter den Menschen, mit der Verkündigung des Evangeliums und mit den Zeichen der Liebe und der Barmherzigkeit, die sie begleiten (vgl. *Mk* 16,20).

Unter diesen Zeichen ist natürlich vor allem das Sakrament der Versöhnung hervorzuheben, das der auferstandene Christus in demselben Augenblick gestiftet hat, in dem er den Jüngern seinen Frieden und seinen Geist zum Geschenk machte. Wie wir im Abschnitt aus dem Evangelium gehört haben, hauchte Jesus die Apostel an und sprach: »Empfangt den Heiligen Geist! Wem ihr die Sünden vergebt, dem sind sie vergeben; wem ihr die Vergebung verweigert, dem ist sie verweigert« (*Joh* 20,21-23). Wie wichtig und leider nicht genügend verstanden ist doch das Geschenk der Versöhnung, das den Herzen Frieden schenkt! Der Friede Christi verbreitet sich nur durch die erneuerten Herzen von Männern und Frauen, die versöhnt sind und zu Dienern der Gerechtigkeit werden, bereit, in der Welt den Frieden allein mit der Kraft der Wahrheit zu verbreiten, ohne mit dem Denken der Welt Kompromisse einzugehen, da die Welt nicht den Frieden Christi geben kann: Das also ist die Art und Weise, wie die Kirche Sauerteig jener Versöhnung sein kann, die von Gott stammt.

Predigt, hl. Messe am Hochfest Pfingsten, Petersdom, 11. Mai 2008

Es ist seit jeher Lehre der Kirche, dass einer, wenn er mit wirklicher Reue, das heißt nicht nur, um Strafen oder Schwierigkeiten zu entgehen, sondern aus Liebe zum Guten, aus Liebe zu Gott um Vergebung bittet, von Gott Vergebung erhält. [...] Wenn ich wirklich erkenne, dass ich Böses getan habe, und wenn in mir die Liebe zum Guten, der Wille zum Guten, die Reue darüber, dass ich diese Liebe nicht erwidert habe, und Gott, der der Gute ist, um Vergebung bitte, so schenkt er sie. Doch da gibt es noch ein zweites Element: Die Sünde ist nämlich nicht nur eine »persönliche«, individuelle Angelegenheit zwischen mir und Gott. Die Sünde hat immer auch eine soziale, horizontale Dimension. Durch meine persönliche Sünde habe ich, auch wenn es vielleicht keiner weiß, auch der Gemeinschaft der Kirche Schaden zugefügt, habe die Gemeinschaft der Kirche beschmutzt, habe die Menschheit beschmutzt.

Und deshalb erfordert diese soziale, horizontale Dimension der Sünde, die sich nicht nur gegen Gott richtet, sondern auch die Gemeinschaft betrifft, das Sakrament der Versöhnung; das Sakrament ist das großartige Geschenk, in dem ich mich in der Beichte von dieser begangenen Sünde befreien und tatsächlich die Vergebung auch im Sinne einer vollen Wiederzulassung in der Gemeinschaft der lebendigen Kirche, des Leibes Christi, erlangen kann. Und in diesem Sinn ist die notwendige Absolution durch den Priester, also das Sakrament, nicht etwas von außen Auferlegtes, das sozusagen die Güte Gottes einschränkt, sondern im Gegenteil: Sie ist Ausdruck der Güte Gottes, weil sie mir zeigt, dass ich auch konkret, also in der Gemeinschaft der Kirche, die Vergebung empfangen habe und wieder neu anfangen kann. [...] Es gilt, diese beiden Dimensionen zu berücksichtigen: die vertikale Dimension der Beziehung zu Gott und die horizontale der Beziehung zur Gemeinschaft der Kirche und der Menschheit. Die Absolution durch den Priester, die sakramentale Absolution, ist notwendig, um mich wirklich von dieser Fessel des Bösen loszulösen und mich wieder vollständig in den Willen Gottes, in die Sichtweise Gottes, in seine Kirche einzugliedern und mir so die auch gleichsam leibliche, die sakramentale Gewissheit zu geben: Gott vergibt mir, er nimmt mich in die Gemeinschaft seiner Kinder auf. Ich denke, wir müssen lernen, das Bußsakrament in diesem Sinn zu verstehen: Es ist eine Möglichkeit, sozusagen leiblich die Güte des Herrn, die Gewissheit der Wiederversöhnung zu finden.

Pastoralbesuch bei den Häftlingen im römischen Gefängnis Rebibbia, Antworten auf die Fragen der Häftlinge, 18. Dezember 2011

Jesus sagte zum Aussätzigen: »Werde rein!« Nach dem alten jüdischen Gesetz (vgl. *Lev* 13-14) wurde der Aussatz nicht nur als Krankheit, sondern als die schwerste Art von kultischer »Unreinheit« angesehen. Es war Aufgabe der Priester, die Krankheit zu diagnostizieren und den Kranken für unrein zu erklären, der von der Gemeinschaft entfernt werden und außerhalb des Siedlungsbereiches bleiben musste bis zu seiner eventuellen und eindeutig bescheinigten Heilung. Der Aussatz stellte somit eine Art religiösen und bürgerlichen Todes und die Genesung davon eine Art Auferstehung dar. Im Aussatz kann ein Symbol für die Sünde erkannt werden, welche die wahre Unreinheit des Herzens ist, die uns von Gott entfernen kann. Es ist nämlich nicht die körperliche Krankheit des Aussatzes, wie es die alten Vorschriften vorsahen, die uns von ihm trennt, sondern die Schuld, das geistliche und moralische Übel. Aus diesem Grund ruft der Psalmist aus: »Wohl dem, dessen Frevel vergeben / und dessen Sünde bedeckt ist.« Und dann an Gott gewandt: »Da bekannte ich dir meine Sünde / und verbarg nicht länger meine Schuld vor dir. Ich sagte: Ich will dem Herrn meine Frevel bekennen. / Und du hast mir die Schuld vergeben« (*Ps* 32,1.5). Die Sünden, die wir begehen, entfernen uns von Gott. Werden sie nicht demütig im Vertrauen auf die göttliche Barmherzigkeit bekannt, führen sie sogar dazu, den Tod der Seele zu verschulden. Dieses Wunder nimmt somit einen starken symbolischen Wert an. Jesus ist, wie Jesaja prophezeit hatte, der Gottesknecht, der »unsere Krankheit getragen / und unsere Schmerzen auf sich geladen [hat]« (*Jes* 53,4). In seinem Leiden wird er wie ein Aussätziger, den unsere Sünden unrein gemacht und von Gott getrennt haben: All dies wird er aus Liebe tun, um für uns die Aussöhnung, die Vergebung und das Heil zu erlangen. Im Bußsakrament reinigt uns der gekreuzigte und auferstandene Christus durch seine Priester, er reinigt uns mit seiner unendlichen Barmherzigkeit, er erstattet uns die

Gemeinschaft mit dem himmlischen Vater und den Brüdern zurück, er schenkt uns seine Liebe, seine Freude und seinen Frieden.

Angelus, Petersplatz, 15. Februar 2009

Auferstehung der Toten

Der Völkerapostel [Paulus] erläutert in seinem Brief an die Philipper den Sinngehalt der Umwandlung, welche sich durch die Teilnahme am Tod und an der Auferstehung Christi vollzieht, indem er ihr Ziel aufzeigt: »Christus will ich erkennen und die Macht seiner Auferstehung und die Gemeinschaft mit seinen Leiden; sein Tod soll mich prägen. So hoffe ich, auch zur Auferstehung von den Toten zu gelangen« (*Phil* 3,10-11). [...]
Die Gemeinschaft mit Christus in diesem Leben bereitet uns darauf vor, die Grenze des Todes zu überwinden, um für immer in Ihm zu leben. Der Glaube an die Auferstehung der Toten und die Hoffnung auf das ewige Leben öffnen unseren Blick für den letzten Sinn unserer Existenz: Gott hat den Menschen für die Auferstehung und das Leben erschaffen, und diese Wahrheit gibt der Geschichte der Menschen, ihrer persönlichen Existenz und ihrem Leben in der Gesellschaft wie auch der Kultur, der Politik und der Wirtschaft ihren wahren und letztgültigen Sinn. Ohne das Licht des Glaubens endet das ganze Universum eingeschlossen in einem Grab ohne Zukunft, ohne Hoffnung. [...]

Unser Eingetauchtsein in Tod und Auferstehung Christi durch das Sakrament der Taufe drängt uns jeden Tag aufs Neue dazu, unser Herz von der Last der materiellen Dinge zu befreien, von jener egoistischen Bindung an die »Erde«, die uns arm macht und uns daran hindert, für Gott und den Nächsten bereit und offen zu sein. In Christus hat sich Gott als die Liebe offenbart (vgl. *1 Joh* 4,7-10). Das Kreuz Christi, das »Wort vom Kreuz« verdeutlicht die rettende Kraft Gottes (vgl. *1 Kor* 1,18), die geschenkt wird, um den Menschen aufzurichten und ihm das Heil zu bringen: Liebe in ihrer radikalsten Form (vgl. Enzyklika *Deus caritas est*, 12).

Botschaft zur Fastenzeit 2011

Am Ende des Lebens nimmt uns der Tod alles Irdische, aber er nimmt uns nicht jene Gnade und jenen sakramentalen »character«, kraft derer wir unlösbar mit dem Ostergeheimnis unseres Herrn und Erlösers verbunden sind. Der Getaufte hat alles abgelegt, aber Christus angezogen: So überschreitet er die Schwelle des Todes und tritt vor das Angesicht des gerechten und barmherzigen Gottes. Um

das bei der Taufe erhaltene weiße Gewand von jeder Unreinheit und jedem Makel zu reinigen, bringt die Gemeinschaft der Gläubigen das eucharistische Opfer für diejenigen dar, die der Tod gerufen hat, aus der Zeit in die Ewigkeit hinüberzugehen, und betet für sie. Für die Verstorbenen zu beten, ist ein edler Brauch, der den Glauben an die Auferstehung der Toten voraussetzt, so wie es uns die Heilige Schrift und in ganzer Fülle das Evangelium offenbart haben. [...]
[D]ie lange und anschauliche Prophezeiung des Ezechiel, der die Macht des Wortes Gottes preist, für den nichts unmöglich ist, bedeutet gleichzeitig einen entscheidenden Schritt weiter zum Glauben an die Auferstehung der Toten hin. Dieser Glaube wird im Neuen Testament seine Erfüllung finden. Im Lichte des Ostergeheimnisses Christi erhält die Vision von den ausgetrockneten Gebeinen den Wert eines universalen Gleichnisses vom Menschengeschlecht, das in der irdischen Verbannung pilgert und der Knechtschaft des Todes unterworfen ist. In Jesus fleischgeworden, wohnt das göttliche Wort in der Welt, die in vielerlei Hinsicht ein Jammertal ist; es solidarisiert sich vollkommen mit den Menschen und bringt ihnen die Frohe Botschaft des ewigen Lebens. Diese Botschaft der Hoffnung wird bis in die

tiefste Grabesnacht hinein verkündet und der Weg, der zum Gelobten Land führt, endgültig geöffnet.

Predigt, hl. für die im vergangenen Jahr verstorbenen Kardinäle und Bischöfe, Petersdom, 4. November 2006

Der hl. Paulus sagt uns, dass wir alle in Adam, den ersten und alten Menschen, »einverleibt« sind, wir alle besitzen dasselbe menschliche Erbe; zu diesem gehören: das Leid, der Tod, die Sünde. Doch zu dieser Wirklichkeit, die wir alle jeden Tag sehen und erleben können, kommt etwas Neues hinzu: Wir stehen nicht nur in diesem Erbe des einzigen Menschseins, das mit Adam seinen Anfang genommen hat, sondern wir sind auch in den neuen Menschen »einverleibt«, in den auferstandenen Christus, und so ist das Leben der Auferstehung bereits in uns gegenwärtig. Diese erste biologische »Einverleibung« ist also eine Einverleibung in den Tod, eine Einverleibung, die den Tod hervorbringt. Die zweite und neue, die uns in der Taufe geschenkt wird, ist die »Einverleibung«, die das Leben schenkt. Ich zitiere noch einmal [den] hl. Paulus [...]: »Da nämlich durch einen Menschen der Tod gekommen ist, kommt durch einen Menschen auch die Auferstehung der Toten. Denn wie in Adam alle sterben, so werden in Christus alle lebendig gemacht werden. Es gibt aber eine bestimmte Reihenfolge: Erster ist Christus; dann folgen, wenn Christus kommt, alle, die zu ihm gehören« (*1 Kor* 15,21-24). [...]

Predigt, hl. Messe am Hochfest des Aufnahme Mariens in den Himmel, Pfarrkirche des hl. Thomas von Villanova, Castel Gandolfo, 15. August 2010

und das ewige Leben.

»Dies ist das ewige Leben, dass sie dich erkennen, den alleinigen, wahren Gott, und den du gesandt hast, Jesus Christus« (*Joh* 17,3). Jeder Mensch möchte leben. Möchte wirkliches, gefülltes Leben, das sich lohnt, das Freude ist. Mit der Sehnsucht nach Leben ist zugleich der Widerstand gegen den Tod verbunden, der dennoch unausweichlich ist. Wenn Jesus vom ewigen Leben spricht, dann meint er das eigentliche, das wirkliche Leben, das zu leben sich lohnt. Dann meint er nicht einfach das Leben, das nach dem Tod kommt. Er meint die eigentliche Weise des Lebens, ein Leben, das ganz Leben und daher dem Tod entzogen ist, aber durchaus schon in dieser Welt beginnen kann, ja, in ihr beginnen muss: Nur wenn wir jetzt eigentlich zu leben lernen, jenes Leben erlernen, das der Tod nicht nehmen kann, hat die Ewigkeitsverheißung Sinn. Aber wie geschieht das? Was ist das eigentlich, das wahrhaft ewige Leben, dem der Tod nichts anhaben kann? Die Antwort Jesu [...]: Das ist das wahre Leben, dass sie dich erkennen – Gott – und deinen Gesandten Jesus Christus. Leben ist Erkenntnis, wird uns da zu unserer Überraschung gesagt. Das bedeutet zunächst: Leben ist Beziehung. Keiner hat es aus sich selbst und nur für sich selbst. Wir haben es vom anderen her, in der Beziehung zum anderen. Wenn sie Beziehung in der Wahrheit und in der Liebe ist, Geben und Empfangen, gibt sie dem Leben Fülle, macht es schön. Aber die Zerstörung der Beziehung durch den Tod kann gerade darum besonders schmerzhaft sein, das Leben selbst infrage stellen. Nur die Beziehung zu dem, der selbst das Leben ist, kann auch mein Leben über die Wasser des Todes halten, mich lebendig durch sie hindurchführen. Schon in der griechischen Philosophie gab es den Gedanken, der Mensch könne dann ewiges Leben finden, wenn er sich an das anhängt, was unzerstörbar ist – an die Wahrheit, die ewig ist. Er müsse sich gleichsam mit Wahrheit anfüllen, um den Stoff der Ewigkeit in sich zu tragen. Aber nur wenn die Wahrheit Person ist, kann sie mich durch die Nacht des Todes hindurchtragen. Wir halten uns an Gott fest – an Jesus Christus, den Auferstandenen. Dann sind wir von dem getragen, der das Leben selber ist. In dieser Beziehung leben wir, auch durch den Tod hindurch, weil der uns nicht verlässt, der das Leben selber ist.

Aber kehren wir zu Jesu Wort zurück: Das ist das ewige Leben, dass sie dich erkennen und deinen

Gesandten. Erkenntnis Gottes wird ewiges Leben. Natürlich ist da mit Erkenntnis mehr gemeint als äußeres Bescheidwissen, wie wir zum Beispiel wissen, wann ein berühmter Mann gestorben ist und wann eine Erfindung gemacht wurde. Erkennen im Sinn der Heiligen Schrift ist inwendiges Einswerden mit dem anderen. Gott erkennen, Christus erkennen heißt immer auch: ihn lieben, mit ihm als Erkennender und Liebender irgendwie eins zu werden. Unser Leben wird also dann eigentliches, wahres und so auch ewiges Leben, wenn wir den erkennen, der der Quell allen Seins und Lebens ist. So wird das Wort Jesu zu einem Anruf an uns: Werden wir Freunde Jesu, suchen wir, ihn immer mehr zu erkennen. Leben wir im Dialog mit ihm. Lernen wir von ihm das rechte Leben, werden wir seine Zeugen. Dann werden wir Liebende, und dann handeln wir recht. Dann leben wir wirklich.

Predigt, Abendmahlsmesse am Gründonnerstag, Lateranbasilika, 1. April 2010

Irgendwo, so haben die Menschen immer wieder gedacht, müsse es doch das Kraut gegen den Tod geben. Irgendwann müsse sich die Medizin nicht nur gegen diese oder jene Krankheit finden lassen, sondern gegen das eigentliche Verhängnis – gegen den Tod. Es müsse doch die Medizin der Unsterblichkeit geben. Die Menschen sind gerade auch heute auf der Suche nach diesem Kräutlein. Auch die heutige Medizin sucht zwar nicht gerade den Tod auszuschalten, aber möglichst viele seiner Ursachen zu beseitigen, ihn immer weiter hinauszuschieben. Immer mehr und längeres Leben zu geben. Aber denken wir einmal nach, wie wäre das eigentlich, wenn es gelänge, vielleicht zwar nicht den Tod ganz auszuschalten, aber ihn endlos hinauszuschieben, ein Alter von mehreren Hundert Jahren zu erreichen? Wäre das gut? Die Menschheit würde überaltern, für Jugend würde es keinen Platz mehr geben. Die Fähigkeit zum Neuen würde erlöschen, und ein endloses Leben würde kein Paradies, sondern eher eine Verdammnis sein. Das wirkliche Kräutlein gegen den Tod müsste anders sein. Es dürfte nicht einfach endlose Verlängerung dieses jetzigen Lebens bringen. Es müsste unser Leben von innen her umarbeiten. Es müsste in uns ein neues Leben schaffen, das wirklich ewigkeitsfähig ist: Es müsste uns auf eine Weise umgestalten, dass es mit dem Tod nicht aufhören, sondern erst vollends beginnen würde. Das

Neue und Aufregende der christlichen Botschaft, des Evangeliums Jesu Christi war und ist es, dass uns gesagt wird: Ja, dieses Kraut gegen den Tod, diese wirkliche Medizin der Unsterblichkeit gibt es. Sie ist gefunden. Sie ist zugänglich. In der Taufe wird uns diese Medizin geschenkt. Ein neues Leben beginnt in uns, das im Glauben reift und durch den Tod des alten Lebens nicht aufgehoben, sondern erst vollends freigelegt wird.

Darauf werden manche, viele antworten: Die Botschaft hör' ich wohl, allein mir fehlt der Glaube. Und auch wer glauben will, wird fragen: Ist es wirklich so? Wie sollen wir uns das vorstellen? Wie geht diese Umarbeitung des alten Lebens vor sich, dass sich in ihm das neue Leben bildet, das keinen Tod kennt? [E]ine alte jüdische Schrift [kann uns] helfen, eine Vorstellung zu gewinnen von dem geheimnisvollen Vorgang, der mit der Taufe in uns beginnt. Da wird uns erzählt, wie der Urvater Henoch zum Thron Gottes entrückt wurde. Aber er erschrak vor den herrlichen Engelmächten, und in seiner menschlichen Schwachheit konnte er das Angesicht Gottes nicht schauen. »Da sprach Gott zu Michael – so fährt das Henoch-Buch weiter fort –: Nimm Henoch und ziehe ihm die irdischen Kleider aus. Salbe ihn mit lindem Öl und kleide ihn in Gewänder der Glorie! Und Michael zog mir meine Gewänder aus und salbte mich mit lindem Öl, und dieses Öl war mehr als strahlendes Licht ... Sein Glanz glich den Sonnenstrahlen. Als ich mich besah, war ich wie einer der Glorreichen« (Ph. Rech, *Inbild des Kosmos*, II 524).

Genau dies, das Umgekleidetwerden in das neue Gewand Gottes, geschieht in der Taufe, so sagt uns der christliche Glaube. Freilich ist dieses Umkleiden ein Vorgang, der sich das Leben hindurch erstreckt. Was in der Taufe geschieht, ist der Anfang eines Prozesses, der unser ganzes Leben umspannt – uns ewigkeitsfähig macht, sodass wir im Lichtgewand Jesu Christi vor das Antlitz Gottes treten und mit ihm für immer leben können. [...]

Ja, das Kraut gegen den Tod gibt es. Christus ist der wieder zugänglich gewordene Baum des Lebens. Wenn wir uns an ihm anhalten, dann sind wir im Leben.

Predigt, Ostervigil, Petersdom, 3. April 2010

Schon immer hat der Mensch für seine Toten Sorge getragen und versucht, ihnen durch die Aufmerksamkeit, die Fürsorge, die Liebe eine Art zwei-

tes Leben zu schenken. In gewisser Weise möchte man ihre Lebenserfahrung bewahren; und wie sie gelebt, was sie geliebt, was sie gefürchtet, was sie gehofft und was sie verabscheut haben, das entdecken wir paradoxerweise gerade an den Gräbern, vor denen die Erinnerungen in Fülle wach werden. Sie sind gleichsam ein Spiegel ihrer Welt. Warum ist das so? Weil der Tod – obwohl er oft ein fast verbotenes Thema in unserer Gesellschaft ist und ständig versucht wird, den bloßen Gedanken an den Tod aus unserem Bewusstsein zu vertreiben – einen jeden von uns betrifft, er betrifft den Menschen jeder Zeit und an jedem Ort. Und angesichts dieses Geheimnisses suchen wir alle, auch unbewusst, nach etwas, das uns einlädt zu hoffen, nach einem Zeichen, das uns Trost spendet, das uns einen Horizont öffnet, das uns noch eine Zukunft gibt. Der Weg des Todes ist in Wirklichkeit ein Weg der Hoffnung, und wenn wir über unsere Friedhöfe gehen und auch die Inschriften auf den Gräbern lesen, dann legen wir einen Weg zurück, der von der Hoffnung auf Ewigkeit geprägt ist.
Wir fragen uns jedoch: Warum empfinden wir Angst vor dem Tod? Warum hat die Menschheit zu einem großen Teil sich nie damit abgefunden zu glauben, dass jenseits des Todes einfach nur das Nichts ist?

Ich würde sagen, dass es vielfältige Antworten gibt: Wir fürchten den Tod, weil wir Angst haben vor dem Nichts, vor dem Aufbrechen zu etwas, das wir nicht kennen, das uns unbekannt ist. Daher verspüren wir in uns eine Ablehnung, weil wir nicht akzeptieren können, dass all das Schöne und Große, das in einem ganzen Leben verwirklicht wurde, plötzlich ausgelöscht wird, in den Abgrund des Nichts fällt. Vor allem spüren wir, dass die Liebe Ewigkeit verlangt und erbittet, und wir können unmöglich akzeptieren, dass der Tod sie in einem einzigen Augenblick zerstört. Auch fürchten wir uns vor dem Tod, weil wir gegen Ende des Lebens spüren, dass es ein Urteil über unser Handeln gibt, darüber, wie wir unser Leben geführt haben, vor allem über die dunklen Punkte, die wir oft geschickt aus unserem Gewissen verdrängen können oder zu verdrängen versuchen. Ich würde sagen, dass gerade die Frage des Gerichts oft der Sorge zugrunde liegt, die der Mensch aller Zeiten den Verstorbenen erweist, der Aufmerksamkeit gegenüber den Personen, die ihm etwas bedeutet haben und die auf dem Weg des irdischen Lebens nicht mehr bei ihm sind. In gewissem Sinne sind die Gesten der Zuneigung, der Liebe, mit denen der Verstorbene umgeben ist, ein Schutz, der ihm erwiesen wird, in der Überzeugung, dass er auf das

Urteil nicht ohne Wirkung bleibt. Das können wir in den meisten Kulturen sehen, die die Geschichte des Menschen prägen. Heute ist die Welt, zumindest scheinbar, viel rationaler geworden, oder besser gesagt, hat sich die Tendenz verbreitet zu meinen, dass man jeder Wirklichkeit mit den Kriterien der empirischen Wissenschaft begegnen muss und dass man auch auf die große Frage des Todes nicht so sehr mit dem Glauben, sondern von erfahrbaren, empirischen Kenntnissen her antworten sollte. Man führt sich jedoch nicht ausreichend zu Bewusstsein, dass man gerade so in Formen des Spiritismus verfallen ist, bei dem Versuch, mit der Welt jenseits des Todes irgendwie in Kontakt zu stehen, gleichsam mit der Vorstellung, dass es eine Wirklichkeit gibt, die letztlich ein Abbild des Diesseits wäre.

[...] Wenn wir den Menschen ausschließlich auf seine horizontale Dimension verkürzen, auf das, was empirisch wahrnehmbar ist, dann verliert das Leben seinen tieferen Sinn. Der Mensch braucht Ewigkeit, und jede andere Hoffnung ist für ihn zu kurz, zu begrenzt. Der Mensch lässt sich nur erklären, wenn es eine Liebe gibt, die jede Isolierung überwindet, auch die des Todes, in einer Ganzheit, die auch Raum und Zeit übersteigt. Der Mensch lässt sich nur dann erklären, findet nur dann seinen tieferen Sinn, wenn

es Gott gibt. Und wir wissen, dass Gott aus seiner Ferne herausgetreten und zu uns gekommen ist, dass er in unser Leben eingetreten ist und zu uns sagt: »Ich bin die Auferstehung und das Leben. Wer an mich glaubt, wird leben, auch wenn er stirbt, und jeder, der lebt und an mich glaubt, wird auf ewig nicht sterben« (*Joh* 11,25-26). [...]
Und wenn wir auf die Friedhöfe gehen, um mit Zuneigung und Liebe für unsere Verstorbenen zu beten, dann sind wir erneut eingeladen, mutig und kraftvoll unseren Glauben an das ewige Leben zu erneuern, ja mit dieser großen Hoffnung zu leben und sie der Welt zu bezeugen: Jenseits der Gegenwart ist nicht das Nichts. Und gerade der Glaube an das ewige Leben gibt dem Christen den Mut, unsere Erde noch mehr zu lieben und uns dafür einzusetzen, ihr eine Zukunft aufzubauen, um ihr eine wahre und sichere Hoffnung zu schenken. Danke.

Generalaudienz, Audienzhalle, 2. November 2011

Erwartet der moderne Mensch eigentlich immer noch das ewige Leben oder meint er, dass es einer inzwischen überholten Mythologie angehört?

In unserer Zeit, stärker als in der Vergangenheit, ist man so sehr von den irdischen Dingen in Anspruch genommen, dass es manchmal schwerfällt, an Gott als den Hauptakteur der Geschichte und unseres Lebens zu denken. Das menschliche Dasein ist jedoch seinem Wesen nach auf etwas Größeres ausgerichtet, das das Dasein selbst übersteigt, und im Menschen ist das Streben nach Gerechtigkeit, Wahrheit und vollkommenem Glück unauslöschlich. Vor dem Rätsel des Todes lebt in vielen Menschen der Wunsch und die Hoffnung, ihre Angehörigen im Jenseits wiederzufinden. Ebenso ist die Überzeugung stark, dass es ein Jüngstes Gericht gibt, das die Gerechtigkeit wiederherstellt, die Erwartung einer endgültigen Gegenüberstellung, bei der jeder das erhält, was ihm zusteht.

Für uns Christen bedeutet »ewiges Leben« jedoch nicht nur ein immerwährendes Leben, sondern ein neues, ein anders beschaffenes Dasein, ganz eingetaucht in die Liebe Gottes, die von allem Bösen und vom Tod befreit und uns in die nie endende Gemeinschaft mit allen Brüdern und Schwestern stellt, die an derselben Liebe teilhaben. Die Ewigkeit kann daher bereits inmitten des irdischen und zeitlichen Lebens gegenwärtig sein, wenn die Seele durch die Gnade mit Gott, ihrem tiefsten Grund, verbunden ist. Alles vergeht, nur Gott ändert sich nicht. In einem Psalm heißt es: »Auch wenn mein Leib und mein Herz verschmachten, Gott ist der Fels meines Herzens und mein Anteil auf ewig« (*Ps* 73,26).

Angelus, Hochfest Allerheiligen, Petersplatz, 1. November 2006

Wir alle sind uns heute bewusst, dass wir uns mit dem Begriff »Himmel« nicht auf irgendeinen Ort im Universum beziehen, auf einen Stern oder ähnliches: Nein. Wir beziehen uns auf etwas, das viel größer und schwer mit unseren begrenzten menschlichen Begriffen zu bestimmen ist. Mit diesem Begriff des »Himmels« wollen wir sagen, dass uns Gott, der Gott, der uns nahe geworden ist, nicht einmal im Tod und jenseits des Todes verlässt, sondern einen Platz für uns hat und uns die Ewigkeit schenkt; wir wollen sagen, dass es in Gott einen Platz für uns gibt. [...]
Es ist seine Liebe, die über den Tod siegt und uns die Ewigkeit schenkt, und es ist diese Liebe, die wir »Himmel« nennen: Gott ist so groß, dass er auch für uns Platz hat. Und der Mensch Jesus, der gleichzeitig Gott ist, ist für uns die Gewährleistung dessen,

dass Mensch-Sein und Gott-Sein auf ewig miteinander existieren und leben können. Das will heißen, dass von einem jeden von uns nicht nur ein Teil fortbestehen wird, der uns sozusagen entrissen worden ist, während andere Teile vergehen; es will vielmehr besagen, dass Gott den ganzen Menschen, der wir sind, kennt und liebt. Und Gott nimmt in seine Ewigkeit das auf, was jetzt, in unserem Leben, das aus Leiden und Liebe, aus Hoffnung, Freude und Traurigkeit besteht, wächst und ins Sein kommt. Der ganze Mensch, sein ganzes Leben wird von Gott genommen und empfängt – in ihm gereinigt – die Ewigkeit.

Predigt, hl. Messe am Hochfest der Aufnahme Mariens in den Himmel, Pfarrkirche des hl. Thomas von Villanova, Castel Gandolfo, 15. August 2010

Amen.

In das treue Ja Gottes fügt sich das Amen der Kirche ein, das in allem Handeln der Liturgie widerhallt: »Amen« ist die Antwort des Glaubens, die stets unser persönliches und gemeinschaftliches Gebet beendet und die unser Ja auf Gottes Initiative zum Ausdruck bringt. Oft antworten wir aus Gewohnheit mit unserem Amen im Gebet, ohne seinen tiefen Sinn zu erfassen. Dieser Begriff kommt von »'aman«, was im Hebräischen und im Aramäischen bedeutet, »festigen«, »konsolidieren«, und folglich »sicher sein«, »die Wahrheit sagen«. (...)
In unserem Gebet sind wir aufgerufen, Ja zu sagen zu Gott, mit dem Amen der Zustimmung, der Treue unseres ganzen Lebens zu ihm zu antworten. Diese Treue können wir nie mit unseren eigenen Kräften erlangen, sie ist nicht nur Frucht unseres täglichen Bemühens; sie kommt von Gott und gründet auf dem Ja Christi, der sagt: Meine Speise ist es, den Willen des Vaters zu tun (vgl. Joh 4,34). In dieses Ja müssen wir eintreten, wir müssen eintreten in dieses Ja Christi, in die Zustimmung zum Willen Gottes, um schließlich mit dem hl. Paulus zu sagen, dass

nicht wir leben, sondern Christus in uns lebt. Dann wird das Amen unseres persönlichen und gemeinschaftlichen Gebets unser ganzes Leben umfangen und verwandeln, ein Leben des Trostes Gottes, ein Leben, das hineingenommen ist in die ewige und unerschütterliche Liebe.

Generalaudienz, Petersplatz, 30. Mai 2012

Das Glaubensbekenntnis von Nizäa und Konstantinopel

Wir glauben an den einen Gott,
den Vater, den Allmächtigen,
der alles geschaffen hat, Himmel und Erde,
die sichtbare und die unsichtbare Welt.
Und an den einen Herrn Jesus Christus,
Gottes eingeborenen Sohn,
aus dem Vater geboren vor aller Zeit:
Gott von Gott, Licht von Licht,
wahrer Gott vom wahren Gott,
gezeugt, nicht geschaffen,
eines Wesens mit dem Vater;
durch ihn ist alles geschaffen.
Für uns Menschen und zu unserem Heil
ist er vom Himmel gekommen,
hat Fleisch angenommen
durch den Heiligen Geist
von der Jungfrau Maria
und ist Mensch geworden.
Er wurde für uns gekreuzigt
unter Pontius Pilatus,
hat gelitten und ist begraben worden,
ist am dritten Tage auferstanden nach der Schrift
und aufgefahren in den Himmel.

Er sitzt zur Rechten des Vaters
und wird wiederkommen in Herrlichkeit,
zu richten die Lebenden und die Toten;
seiner Herrschaft wird kein Ende sein.
Und an den Heiligen Geist,
der Herr ist und uns lebendig macht,
der aus dem Vater (und dem Sohn) hervorgeht,
der mit dem Vater und dem Sohn
angebetet und verherrlicht wird,
der gesprochen hat durch die Propheten,
und die eine, heilige, katholische
und apostolische Kirche.
Wir bekennen die eine Taufe
zur Vergebung der Sünden.
Wir erwarten die Auferstehung der Toten
und das Leben der kommenden Welt.
Amen.